KB202354

L. 벌코프의

자유주의 강연

"만일에 [모든 진리의] 기초가 파괴된다면"

L. 벌코프 저
박동근 역

고백과문답

Aspects of Liberalism

"If the Foundations be Destroyed"

author_ L. BERKHOF

Confession & Catechism

L. 벌코프의
자유주의 강연

초판 1쇄 인쇄 _ 2020년 10월 08일
초판 1쇄 발행 _ 2020년 10월 08일

저　자 _ 루이스 벌코프
역　자 _ 박동근

펴낸곳 _ 고백과 문답
등　록 _ 제2016-000127호
주　소 _ 서울특별시 영등포구 신길동 120-32 101호
전　화 _ 02-586-5451
이메일 _ largoviva@gmail.com

인　쇄 _ 이레아트 02-2278-1886

ISBN 979-11-971391-2-3

L. 벌코프의
자유주의 강연

"만일에 [모든 진리의] 기초가 파괴된다면"

L. 벌코프 저 / 박동근 역

편집 서문

이 책은 루이스 벌코프(Louis Berkhof, 1873-1957)의 일련의 강연들을 취합하여 출판한 『자유주의의 양상들』(Aspects of Liberalism, 1951)이라는 책을 박동근 목사님이 번역하고, 장대선 목사가 편집한 것이다.

우리에게 익히 알려진 루이스 벌코프 박사에 대해 간략히 소개해 보자면, 그는 1873년에 네덜란드에서 태어났으며, 1882년에 가족들과 함께 웨스트 미시건West Michigan으로 이주했다. 그리고 1893년에는 C·R·Cthe Christian Reformed Church 교단의 신학교(지금의 칼빈 신학교Calvin Theological Seminary)에 다니기 시작했으며, 그 곳에서 헨드리쿠스 부커Hendericus Beuker, 1834-1900의 지도 가운데 공부하면서 아브라함 카이퍼Abraham Kuyper, 1837-1920와 헤르만 바빙크Herman Bavinck, 1854-1921의 저술들에 많은 영향을 받았다. 칠년 뒤인 1900년에 벌코프는 칼빈 신학교를 졸업하고 미시간 주 앨런데일Allendale에 있는 C·R·C 교단 최초의 목사가 되었다. 또한 그는 1902년부터 1904년까지 프린스턴 신학교Princeton Theological Seminary에 다니면서 워필드B.B. Warfield, 1851-1921와 게할더스 보스Geerhardus Vos, 1862-1949에게서 지도를 받았다. 벌코프의 친구였던 헨리 미터H. Henry

Meeter, 1886-1963의 설명에 따르면 "벌코프는 자신이 종교 개혁 신학에 대한 통찰에 있어서 다른 사람들보다도 게할더스 보스에게서 더 많은 빚을 졌다고 자주 말했다"고 한다.(Reformed Theology in America, 156) 그러므로 벌코프의 신학은 아브라함 카이퍼와 헤르만 바빙크, 그리고 게할더스 보스와 같은 화란 출신의 개혁주의자들의 신학체계가 근간이었음을 분명하게 알 수가 있다.

한편 그의 행적을 더욱 구체적으로 살펴보자면, 1904년에 프린스턴 신학교를 졸업한 벌코프는 곧장 미시간으로 돌아와 그랜드 래피즈Grand Rapids의 오크데일 파크Oakdale Park에서 C·R·CChrischan Reformed Church in North America 교단의 목사로 활동했다. 그리고 1906년에 그는 칼빈 신학교에서 해석학exegetical theology 교수로 임명되었으며, 1926년에는 교의학dogmatic theology 교수가 되었다. 그는 또한 1921년에는 프린스턴 신학교의 강의를 맡았기도 했으며, 1931년 9월 9일부로 칼빈 신학교의 총장이 되어 1944년에 은퇴하기까지 시무했다. 그는 일생 동안 신학, 사회 문제, 정치, 교육 및 선교에 관한 수많은 책들을 포함하는 다작의 글을 썼으며, 그러한 저술들뿐만 아니라 칼빈 포럼과 같은 개혁신학의 정기 간행물들에 수많은 기사를 게재하기도 했다. 하지만 그러한 그의 작품 대부분이 아직도 한국에는 소개된바가 없으며, 그의 조직신학과 몇몇 소책자 등이 거의 유일하게 번역되어 소개되어 있다시피 한 실정이다. 그러므로 앞으로 그의 작품들에 대한 더욱 깊은 연구와 소개를 통해, 비교적 최근까지의 정통 개혁주의 신학의 기준이 어떠했는지를 파악하고 고찰해 볼 필요가 있을 것이다. 그는 또한 1946년에 개혁교회의 에큐메니컬 총회the Reformed Ecumenical Synod의 첫 번째 회장에 임명된바 있다. 그리고 1957년에, 하늘로 부르심을 받았다.

오늘날 우리 사회 속의 자유주의 양상은 이미 현대주의라는 색깔 가운데서 뿌리를 깊이 내리고 있는 실정이다. 따라서 루이스 벌콥 박사의 이 책은, 시대적으로 역행하려는 듯이 너무도 뒤늦게 소개되는 감이 있다. 하지만 오늘날 이미 경계심을 풀어버린 자유주의 신학과 그 양상들, 곧 맥락들에 대해 쉽게 설명하고 있는 벌코프 박사의 강연을 통해서 이 시대의 사역자들은 다시 한 번 그 경계심을 북돋우며, 본래 내어야 하는 목소리가 무엇인지를 생각해 보아야 할 것이다.

목 차

————

저자 서문

––––––

이 책에 포함되어 있는 강의들은 여러 행사들과 다양한 청중들을 대상으로 진행된 것들이다. 그리고 그것의 출판은 이를 들었던 사람들 중 일부에 의해 제안되었다. 물론 그것들이 연속적인 시리즈를 구성하는 것은 아니지만, 그럼에도 불구하고 그것들은 모두가 하나의 중요하고 필수적인 종교적 주제, 곧 '현대주의'modernism 혹은 '자유주의'liberalism라 일컫는 것들을 다루며, 다양한 관점에서 고려해 본 것이라 말할 수 있다. 각각의 강의는 그것의 어떤 특정한 측면을 강조하고 있는데, 이는 현재의 종교적 상황에 대한 일반적인 견해나 그것의 어떤 특별한 단계에 적용할 수가 있다.

건전한 교리가 산 믿음과 진정한 그리스도인의 생활에 있어 기본적으로 중요하다는 사실 가운데서 보자면, 오늘날 자유주의의 교리는 우리나라의 많은 강단들에서 대담하게 선포되고 있으며, 우리는 종종 일부 그러한 교리의 지지자들과 마주하게 될 뿐만 아니라, 그 가르침은 라디오를 통해 우리들의 집까지 바로 날아든다는 사실에 비추어 볼 때에, 우리가 그것을 잘 이해하고 그 악의적인 영향이 무엇인가를 아는 것이 아주 중요한 것이다.

그러므로 이러한 일련의 강의에서, 비록 서로 다른 연결과 응용 분야가 다르기는 하지만, 대중에게 지금 제공되는 것과 같은 일련의 강의에서 특정한 사상들이 여러 차례에 걸쳐서 함께 다루어져야 하는 것은 당연하다 할 것이다. 여기에는 장점이 있는데, 왜냐하면 그것이 이러한 아이디어들을 마음속에 더 확고히 하고 그들이 이를 기억하는 데 도움이 될 것이기 때문이다. 따라서 이를 되풀이하는 것은 이러한 연구의 결실에 있어 매우 필수적인 것이라 여겨질 것이다.

이 강의가 현재의 신앙세계를 더 잘 이해하는데 기여하고, 신앙생활을 위협하는 위험들에 대한 경고를 더욱 인식하게 하며, 많은 사람들에게 "성도들에게 전달된 모든 믿음을 위해 진지하게 노력하게"하는 영감을 줄 수 있기를 간절히 바란다.

1951년 6월 루이스 벌코프

Part 1

―――

사회 복음

수년 전에 저는 뉴욕 유니온 신학교 the Union Theological Seminary의 주목할 만한 교수들 가운데 한 분이 마 24:35절의 "천지는 없어질지 언정 내 말은 없어지지 아니하리라"는 본문을 가지고서 설교하는 것을 들은 적이 있습니다. 저는 그 설교의 일반적인 내용들을 대체로 기억하지는 못하지만, 그 설교의 논점들 중 하나가 내 마음속에 새겨져 지금도 그 기억이 계속 남아 있습니다. 그 설교자는 자신의 설교를 하는 과정에서 에덴동산과 인간의 타락에 대한 이야기를 다루었고, 그 모든 사건들 가운데서 가장 슬픈 사건 하나를 간략하게 해석했었지요. 하지만 그는 그 말씀들의 명확한 역사적 의미를 무시하고 그 이야기를 상징적인 것으로 바꾸어버렸습니다. 실제로 그는 이렇게 말했지요.

"나는 한때 낙원[에덴동산]에 있었습니다. 그것은 내가 어렸을 때 할아버지 집의 뒷마당에서 놀고 있을 때였지요. 그 잔디밭은 내 발 밑에 깔려 있는 벨벳 카펫과도 같았고, 온갖 빛깔의 꽃들로 화려하게 장식되어 있었습니다. 꽃이 만발한 나무들은 달콤한 향기로 공중을 가득 메웠고, 새들은 지저귀며 짝짓기 노래를 부르고 있었답니다. 나는 세상 물정에 어두웠고 온갖 악들에 대해서도 전혀 때 묻지 않았으며, 소박하게나마 내 마음 속의 것들을 마음껏 향유하고 있을 뿐이었지요. 그런즉 나는 낙원에 있었던 것입니다. 그리고는 얼마 후에, 나는 학교에 입학하여 지식의 나무에 열린 것들을 먹기 시작했습니다. 그리고 내가 점점 더 많은 것을 알게 되었을 때에, 의심들이 내 마음 속으로 파고들기 시작했고, 내 영혼 가운데 계속해서 생겨나는 의문들로 불안해져서, 마침내 내 마음의 평화를 모조리 깨뜨려버리고 말았습니다. 나는 낙원 밖으로 밀려나버리게 된 것입니다."

제가 이러한 일종의 해석적 설교를 들었을 때에, 자연스럽게 제 마음속에서는 질문이 하나 떠올랐습니다. 왜 학식이 있는 그 설교자는 의심할 여지가 없는 창세기의 문자적 의미에서 벗어나서, 그것을 단지 상징적인 의미에 불과하다고 생각했던 것일까? 하지만 그 설교 가운데서 나는 과학이 결정적 요소라는 사실을 곧 감지할 수 있었습니다. 진화론적 과학은 일반적으로 이해되는 것처럼 인간의 타락의 여지를 남기지 않습니다. 반면에 그 이야기를 상징으로 바꾸어버리면, 현대 과학의 모든 요구들에 부응하도록, 타락이라는 것이 사실상 나아지는 타락a fall upwards이 되어버릴 것입니다.

사실 제가 경험했던 그러한 일은 제가 명확히 하고자 하는 요점을 보여주는 것입니다. 우리는 모두 과학과 종교 사이의 심각한 충돌에 대해 많이 들어 왔지요. 지난 세기의 말엽에 관련해서 존 W. 드라퍼 John W. Draper 교수가 이 주제에 대한 책을 쓰기도 했습니다. 얼마 후에 그 주제는 코넬 대학의 후임 총장 앤드류 D. 화이트Andrew D. White에 의해 두 권의 더 큰 저작으로도 다루어졌는데, 그 제목은 『기독교 세계에서의 신학과 과학의 논쟁의 역사.』 A History of the Warfare of Science with Theology in Christendom라는 것이었습니다. 아마도 그 작품을 읽은 사람이라면 어느 누구도 과학과 신학 사이의 충돌 가능성을 부인하려고 하지 않을 것입니다. 그리고 그 둘 다가 모두 순전히 인간의 해석이라는 점을 간파해 볼 때에, 왜 그러한 충돌이 불가능하겠습니까? 과학과 철학은 자연과 역사에 대한 하나님의 일반적인 계시에 속한 사실들을 우리에게 해석하는 반면에, 신학은 하나님의 특별한 계시에 속한 사실들을 해석해 줍니다. 만일에 두 영역이 어느 관점에서든 서로 불일치 한다면, 둘 중 하나 또는 둘 다 잘못되어 수정 및 재 진술이 필요할 수 있을 것입니다.

물론 과학과 신학 사이의 불일치의 가능성-신학이 특정한 세부사항에 있어서 오류를 일으킬 수도 있다는 가능성-은 인정 되어야만 합니다. 하지만 과학과 신학이 다루는 사실 사이에는 어떠한 충돌도 있을 수 없음 또한 분명합니다. 왜냐하면 그 두 가지가 모두 자신을 계시하시는 동일한 하나님을 드러내는 것이기 때문입니다. 하지만 우리는 그와 달리 아버지께 한 발짝 더 나아가야만 합니다. 또한 하나님의 특별 계시가 자연과 역사에 있어서의 그분의 계시를 능가하는 것임을 명확하게 견지해야 하는데, 칼뱅의 표현을 따르자면 우리가 성경이라는 한 쌍의 안경을 쓸 때에야 비로소 자연의 책을 바르게 읽을 수 있음을 견지해야 하는 것입니다. 그리고 지금 이것이 사실이라면, 그러한 분쟁의 경우에 있어서 신학이 과학보다 더 옳을 것이라는 확신이 항상 존재하는 것입니다.

과거에는 과학 연구자들이 그러한 시각, 즉 성경이라는 안경으로 바라보는 시각으로 사물을 바라보고, 그들의 발견을 성경의 평범한 가르침에 적응시키기를 간절히 원했던 시절이 있었습니다. 그러나 점차 시간이 흐르면서 그들은 그러한 멍에 아래에서 더 큰 자유를 갈망하게 되었지요. 그리고 마침내 그들은 성경을 진리의 궁극적인 표준으로서의 기초에서 아래로 내던져 버리고, 그것을 인도의 베다Vedas와 마호멧 교도들의 코란Koran과 더불어서 순전히 과거의 주관적인 기록일 뿐인 림보limbo로까지 전락시켜버림으로써 그 족쇄를 깨뜨려 버리고 말았습니다. 왜냐하면 그들은 성경이 하나님의 객관적인 계시가 아니라 히브리 민족의 종교적 경험에 대한 기록일 뿐이라고 말했기 때문입니다. [그들에 따르면] 성경이라는 것은 그 자체로 종교에 대한 많은 해석들 중 하나일 뿐이었던 것이지요. 물론 그것은 이 점에 있어서 다른 모든 나라들보다는 나았던 히브리인들의 종교적 경험을 구체화한 것이었기 때문에 의심할 여지없이 특별한 가치를 지니고 있는 것이라 여겼습니다. 하지만 그럼에도 불구하고 그것은 불완전하며 나중에는 종교적 현상에 대한 보다 과학적인 해석에 의해 수정되어야 할 것이라 여겼습니다. 그렇게 하여 과학과 철학은 하나님의 말씀과는 전혀 무관하며 별개인 그들의 길을 가고 말았습니다.

그런가 하면 역사적 교회들은 종종 과학이 가르치는 도전을 무시하면서, 성경의 진리들을 계속 가르쳤습니다. 현대의 불신앙의 과학과 성경을 진리의 궁극적인 표준으로 받아들이는 신앙은 같은 정신적 가정mental home에서 함께 살도록 요구되었지요. 그러나 신부와 신랑은 서로 유사성이 없었습니다. 그리고 결국에는 다툼이 일어났고, 분노에 찬 논쟁과 악랄한 공격이 뒤따랐으며, 그 가정은 붕괴에 직면하고 말았습니다. 그 후로 과학은 달콤한 설득조로 교회를 향해 말하기를, "이래서는 안 된다. 우리가 서로 동의하지 않는 한 우리는 함께 살수가 없다고 했습니다. 그리고는 당신은 나의 관점[즉 과학의 관점]에서 바라보고 그것에 적응하는 방법을 배워야만 합니다. 만일에 우리가 함께 힘을 합친다면, 우리들은 참으로 경이로운 일들을 이룰 수 있을 것"이라고 했지요. 그러자 많은 정신적 가정 가운데 있는 믿음은 이에 귀를 기울이기 시작했고, 이내 새로운 가르침에 동화되었으며, 이 과학이라는 낮 선 언어에 대해 처음에는 머뭇거리며 주저했지만, 그 다음부터는 더욱 대담하게 큰 소리로 말하기 시작했고, 오늘날에 이르러서는 수많은 강단들에서 기괴하고 귀에 잊지 않은 사회 복음들이 널리 들려지기에 이른 것입니다.

복음에 대해 말할 때, 우리는 일반적으로 매우 명확한 어떤 것을 생각합니다. 즉 예수 그리스도의 속죄하는 피를 통해 타락한 죄인을 구속하는 기쁜 소식입니다. 그리고 그리스도께서 사도들에게 주신 대위임명령을 고려할 때, 우리는 설교 사역 안에서 교회가 이 메시지에 중심적이고 지배적인 지위를 부여할 의무가 있음을 확신합니다. 이러한 확신이 너무도 강해서, 설교를 최근 베스트셀러 서평 하는데 소진하며, 『증기선에서의 생활』Life in a Steamboat, 『유럽 여행』Travels in

Europe, 『가을의 미』 The Beauties of Autumn, 『수면의 위험성』 Dangers of Sleep과 같은 주제들을 논하거나 그에게 주어진 시간을 주거 개선, 도시 미화, 8시간 노동 혹은 현대적 농업 방식을 주장하는데 할애하는 설교자를 우리는 부지불식간에 비난하게 됩니다. 그러한 것들을 읽을 때, 참으로 난처해집니다. 우리는 설교자들이 어떻게 그 정도가 될 지경으로 자신들의 의무를 망각할 수 있는 것인지, 그리고 교회가 어떻게 그러한 설교를 관용할 수 있는지 이해할 수가 없는 것입니다.

더욱이, 사회 복음주의의 신봉자들이 우리들 자신과는 근본적으로 이질적인 종교적 개념을 지니고 있다는 사실을 이해하지 못하는 한, 이러한 실패는 계속될 것입니다. 그들의 종교적 개념은 현대 과학의 일반적인 원칙들에 의해 주로 결정됩니다. 저는 이러한 어떤 원칙들을 간략히 논함으로써, 종종 뇌리를 떠나지 않는 당혹스러운 물음을 해결하려 합니다.

우리는 모두 진화의 이론을 어느 정도 알고 있습니다. 그것은 하늘이 편만한 것처럼 퍼져있습니다. 당신은 모든 학문의 장들에서 그것과 조우할 것입니다. 그것은 모든 것들이 단 하나의 세포 혹은 미생물로부터 발전했으며, 인간은 단순히 유인원의 직계 후손이라고 가르치지는 않을지라도, 아담이 비교적 완전한 상태에서가 아니라 다만 고등동물의 상태로부터 약간 벗어나는 지점에서 인간으로의 진전을 이루기 시작했다고 가르칩니다. 그러나 [이 세상의] 무대에 출현한 때로부터 인간은 한층 더 높은 단계로 진화해오고 있는 것입니다. 이러한 나아짐[혹은 상향]은 지속되었습니다. 마치 등산가가 낙상하듯 일시적인 쇠퇴들이 있을 수 있지만, 타락은 없습니다. 즉 인류의 영구적인 악화는 없다는 말입니다. 시간이 지남에 따라, 인간은 하나님의 초자연적인 사역에 의해서가 아니라 완전한 자연의 과정에 의해 반드시 개선되도록 되어 있는 것이지요. 그리고 개인의 성장이 완벽해져 가는 것이듯이, 세계는 더욱 더 나아질 것이며, 사회는 궁극적으로 이상적인 공동체로서 발전할 것입니다. 이것이 하나님 나라가 되는 것이지요.

이러한 진보적인 발전에 관한 이야기는, 그 수가 늘어나고 있는 소위 자연과 인간 안에 내재하시는 하나님을 주장하는 철학자들에게서 발견되는 것입니다. 그들은 하나님을 저 멀리 우주 위에 무한히 높이 계신 분으로 여겨서, 사람들이 하나님과 접촉하기 위해 모든 종류의 중개자가 필요하다고 생각하던 시절이 있었다고 말합니다. 바로 그 부재자이신, 하나님께서는 은혜 혹은 심판의 사역 안에서 단지 가끔씩만 자신을 계시하셨을 뿐이라는 것입니다. 그들은 이러한 입장이 구약에서 명백히 반영된 것이라고 인식합니다. 그러나 신약, 그리고 그리스도의 성육신은 이러한 잘못을 바로 잡고, 우리가 하나님을 세계정신the Soul of the world, 즉 자연과 인간에게 생명력을 불어 넣으며, 무수한 형태로 그 자체를 드러내는 영the Spirit으로 깨닫도록 가르쳤습니다. 이러한 견해에 따르자면, 우리는 하나님께서 그 자신을 인간의 모든 행위들 안에서 계시하신다고 말할 수 있을 것입니다. 우리가 그것들을 선한 것으로 부르거나, 악한 것으로 부르든지 말이죠. 그런즉 하나님께서는 평화적인 금지명령에서in a peaceful introduction of prohibition뿐만 아니라 모든 역사적 사건들 속에서 그리고 볼셰비키 혁명 안에서도 자신을 계시하시는 샘이지요. 어떤 학자들은 이러한 결론을 피하려고, 하나님을 생명 안에서 그 자체를 나타내려 하는 세계 안에 이상적인 힘으로, 깨달음을 구하는 선한 정신으로, 혹은 의로움을 지향하는 힘으로 설명하는 것을 선호합니다. 이처럼 하나님에 대한 현대의 모든 묘사들은 혼돈스럽고 애매합니다. 그러나 그들 모두의 요지는, 그들이 하나님을 그분의 창조 내에 가두어 버리고, 그분을 사실상 이 세상과 동일시해버린다는 것입니다. 그들은 자연스럽게 하나님의 인격성, 외부로부터 우리에게로 오시는 객관적 계시, 하나님 앞에서 죄책을 지게 하는 죄, 그리고 창조주에 대한 인간의 자녀관계에 대한 의식을 부정하는 데에 이르게 됩니다. 이러한 범신론적 하나님의 내재 개념은 사회 복음의 주된 토대 중 하나입니다.

앞에서 언급된 것과 밀접히 연관된 논점이 하나 있는데, 저는 이것에 여러분의 주의를 환기시켜야 할 것 같습니다. 과거 어느 때보다 더 많이, 과학은, 사회가 하나의 정신으로 생명력을 얻는 유기적 조직체이며, 하나의 거대한 몸이고, 공통의 목적을 향해 나아간다는 점을 강조합니다. [그러한 생각에서 보자면] 당신과 나 그리고 다른 모든 사람들은 단지 사회직 유기체를 구성하는 개별적 세포일 뿐입니다. 우리는 하나의 몸의 구성원으로서, 인류의 공동선을 위해 조화롭게 협력하도록 운명 지워져 있다는 것이지요. 하지만 그러한 사회적 진화의 [이론은] 그 완전한 날에 이르지는 못한 것 같습니다. 다양한 부분들의 상호작용은 외람스럽게도 여전히 미진합니다. 부조화와 불화가 존재하고 있지요. 사회생활의 다양한 영역의 외적 조직체는 대체로 사회를 구성하는 사람들의 자유롭고 완전한 발전을 가로막고, 형제애로서의 정신의 수행을 방해하는 부류를 이루는 것입니다. 각각의 사회 구성원들은 여전히 완전함과는 거리가 멀뿐더러, 경우에 따라서는 그들이 결정적으로 악하다는 것이 일반적으로 인정되는 사실입니다. 그러나 이러한 현상의 원인이 사회생활의 외적 구조에 돌려지므로, 모든 방향에서의 사회적 개혁이 명백히 요청됩니다. 사회 개선, 그리고 개인들의 교정이 자연스럽게 뒤따르는 것이지요. 그 사례는, 온 몸을 감염시키는 '기질병'organic disease으로 고통 하는 사람에 비할 수 있을 것입니다. 물론 그러한 경우에, 개별적인 장기를 치료하려 드는 것은 완전히 어리석은 짓이지요. 오히려 그러한 질병의 근원이 공략되어야만 할 것입니다. 만일 근본적인 치료가 효과를 본다고 한다면, 밤이 지나면 낮이 찾아오듯이, 개개의 장기들이 정상적인 방식으로 다시 기능하게 될 것입니다. 사회학자들과 사회개혁가들은, 우리가 사회를 개선하기를 원한다고 한다면, 사회를 개선하기 위해 모든 노력을 기울여야만 한다고 멈추지 않고 외쳐대지요. [만일] 작금의 사악한 사회가 인간이 선량해지는 것을 어렵게 만들어서, 자연스럽게 악을 육성하는 것이라고 한다면, 마찬가지로 미래의 이상적인 사회는 인간이 사악해 지는 것을 막아 정의를 구현해야만 할 것입니다. [하지만] "더러운 곳을 깨끗

하게 하라! 그러면 돼지가 자연히 그 습성을 바꿀 것이다!" 이 짧은 이야기가 그러한 관점을 예시해줄 것이고, 그러한 관점에 대해 매우 당연한 비평을 가해줄 것입니다. 언젠가 연방 대법원장 체이스Chase가 버지니아Virginia를 통과하는 기차에 타고 있었다고 합니다. [그 기차가] 작은 마을에 정차해 있는 동안에, 사람들은 그곳이 패트릭 헨리Patrick Henry의 출생지라고 그에게 말해 주었습니다. [그러자] 그는 플랫폼에 내리면서 외쳤습니다. "오, 이 얼마나 멋진 곳인가! 이 얼마나 장엄한 산인가! 이런 곳에서 패트릭 헨리가 태어났다는 것이 지극히 당연하게 여겨지는구나." [그 때에] 그의 말을 우연히 듣게 된 한 농부가 이렇게 말했다고 합니다. "그렇지요, 선생님, 제가 기억하는 바로는 그 산들은 줄곧 여기에 있어 왔지요. 그리고 그 경관이 별로 변한 적이 없습니다. 하지만 제가 기억하는 바로는, 패트릭 헨리가 이 근처에 있었던 것을 본적이 없답니다."라고.

숫자적으로 계속해서 늘어나고 있는 과학 연구원들에 의해 확신 있게 표명되는 또 다른 근본적인 입장은, 생의 모든 것들이 자연 법칙에 의해 지배되므로, 생의 모든 것들의 해석 또한 오로지 자연적으로 해석해야 한다는 것을 받아들이는 것입니다. 그러므로 초자연적인 것에 대한 믿음은 지나간 세대의 미신 가운데 하나로 여겨집니다. 지나간 세대에는 기묘한 마법 이야기와 같은 것들이 신빙성을 얻었고, 폭풍은 악마의 작용으로 여겨졌으며, 유성과 혜성의 출현은 경사스러운 일의 전조 혹은 불길한 일이 다가오는 징조로 여겼습니다. 과거 세대들은 자연 안에 하나님의 직접적인 개입으로 행해지는 기적을 믿는 것이 쉬운 일이었지만, 오늘날의 과학정신에 있어서는, 어떤 자연적 원인을 추적할 수 없는 사건은 지극히 이례적인 것으로 여깁니다. 따라서 성경의 기적에 대해서도 대충 얼버무리거나 혹은 단박에 부정되어 버리는 것입니다. 그러나 그러한 [자연적인] 원칙은 더 넓은 광의적 의미를 가지고 있습니다. 그와 같은 원칙은 소위 거듭남, 회심, 성화 그리고 영화와 같은 영적인 이적들을 제거해 버립니다. 또한 그것은 예수 그리스도께서 영원한 하나님의 아들 이시라는 사실 조차 제거해 버립니다. 종교 심리학에 관한 비교적 최근의 과학은 성령님의 초자연적인 작용을 언급하지 않은 채, 완전히 자연적인 방식으로 하나님의 구원하시는 은혜의 영적 과정들을 설명하려 하는 것이었습니다. 인간의 영적 변화는 단지 모든 사람의 삶 속에 잠재된 더욱 높은 원칙들의 발전에서 비롯된다는 것이지요. 하나님께서 우리 안에서 말씀하실 때, 우리의 더 고차원적인 본성이 여전히 우리 속에 담겨있는 짐승과의 관계를 증거 하도록 더 낮은 차원의 정욕을 주도하게 된다는 것입니다. 그렇게 되면, 우리는 새로운 삶을 영위하게 된다고 합니다.

끝으로, 과학은 내세에 대해서 아는 바가 없음을 밝힙니다. 사실 과학은 미래의 삶에 대한 어떤 지식도 가지고 있지 않고 또 가질 수도 없습니다. 진정 과학적이 되기 위해서는, 모든 지식이 경험에 의해 입증되어야 합니다. 하지만 어떻게 현재의 존재 가운데서 무덤 너머에 있는 영원한 세계의 실재들을 경험할 수가 있겠습니까? 그러므로 과학은 [미래에 대해] 침묵하며, 버둥거리는 죽을 인생에 대해 어떤 소망의 여지도 제공하지를 못하는 것입니다. 그렇습니다. 과학은 항상 침묵합니다. 과학은 종종 죽은 자들의 부활의 가능성까지도 감히 부정합니다. 왜냐하면 모든 육체의 전 구성 요소가 많은 사람들에 의해 공통으로 공유될 때, 각 영혼이 그 자신의 육체를 다시 덧입는 것은 불가능하기 때문입니다. [그러므로] 불멸의 소망에 관하여, 과학은 여러 가능성들을 열어놓습니다. [과학에 따르면] 아마도 인간의 영혼이 여러 육체 안으로 차례로 들어가는데, 그 육체들 가운데서 영혼은 완전의 더욱 높은 단계들에 오를지 모릅니다. 혹시 어쩌면 인간은 몇 세대에 걸쳐 자녀, 손자, 증손자, 곧 그 후손들 안에서 살아가는 것인지 모릅니다. 또 어쩌면 사람은, 그가 주변에 끼쳤던 영향력 안에서만 [그] 존재를 이어가는지도 모릅니다. 이 모든 것을 고려할 때, 과학은 천국과 지옥을 보상과 형벌의 결과로서 심각하게 받아들이지 않습니다. 그러한 것들은, 인간이 현존재 안에 있는 자신에게서 발견할 수 있는 단순한 형편들일 수 있습니다. 한 마디로 말하자면, 과학의 신봉자들에게 매래는 거대한 의문[혹은 미지수]일 뿐입니다.

이제 우리는 현대주의 설교자를 따라서 그의 설교단으로 나아가 담론을 들을 준비가 되었는데, 그의 이야기는 말씀에 따라 정당하다고 여겨지는 의미들에 따르자면, 거의 설교로 불릴 수가 없습니다. 그의 과학적 전제에 관하여 들은 후에, 여러분은 그가 길 잃은 죄인들에게 예수 그리스도의 속죄하는 피를 통한 구속, 용서 그리고 영생의 메시지를 전하기 위해 설교단에 오르지 않는다는 사실을 쉽게 파악하게 될 것입니다. 그는 예수 그리스도와 사도들의 설교의 뜻을 인식하기 위해, 혹은 그분들의 가르침의 방식을 연구하기 위해 예수 그리스도와 사도들의 가르침을 받으려 하지도 않았습니다. 왜냐하면 현대주의에 물든 설교자는, 예수 그리스도와 사도들이 개인과 사회에 대한 견해에 있어 잘못되었고, 구원의 개념이 너무도 개인적이고 공상적이라고 생각하기 때문입니다. 그는 과학이라는 신전에서 기름부음을 받고, 불신의 사도들로부터 임무를 부여 받았습니다. 그가 중생과 성화 그리고 믿음과 회심에 관련하여 예수 그리스도를 말할 가능성이 종종 있기는 합니다만, 그것은 단지 위장일 뿐이어서, 여러분은 그가 사용한 어휘에서 그러한 용어들이 의미하는 것을 정확히 파악하기 위해서는 새로운 사전을 필요로 하게 될 것입니다.

자유주의 설교자들은 대단한 자유로움 가운데서 설교합니다. 그들은 [설교의] 본문을 선택함에 있어 성경에만 국한하지 않습니다. 왜냐하면 그들은 성경이 무오하며infallible 구원받는 방편에 있어 유일한 계시라고 하는 영예를 주장할 수 없다고 생각하기 때문입니다. [그들에 따르면] 성경은 단순히 과거 시대의 계시를 포함하여 기록하고 있을 뿐입니다. 또한 하나님께서는 자연 현상, 과학적 발견, 문학, 예술 그리고 개인과 민족의 영적 체험들 안에서 점진적인 방식으로 자신을 계시하십니다. 이와 같은 이후의 계시들these later revelations은 비과학적인 시대에 살았던 고대 히브리인들을 수용하려는 사람들에게 여러모로 가치가 있습니다. 그래서 설교자는 그의 본문을 자연의 영역으로부터 그리고 셰익스피어Shakespeare나 밀턴Milton, 테니슨Tennyson이나 볼트 히트먼Walt Whitman의 작품으로부터, 그리고 렘브란트Rembrandt나 로이스달Ruysdael의 오래된 대성당이나 걸작품들로부터, 혹은 과학과 발명에 관한 논문들로부터 선택할 수 있습니다. 실제로 그[자유주의 설교자들]의 선택에는 제한이 없습니다.

당연히, 그는 그의 메시지를 그의 청중에게 맞춥니다. 따라서 그러한 설교자는 매 주일 그의 설교를 듣기 위해 만나는 사람들에 관해 어떤 개념[이해]을 가지고 있는가라는 질문을 하게 됩니다. 그는 청중들을 본성으로서 하나님 앞에 죄책을 지고 불법과 죄로 죽은 죄인들인 회중으로 간주하지도 않고, 또한 어린 양의 피를 통해 하나님의 은혜로 구속된 백성으로 여기지도 않습니다. 이러한 생각은 그의 [자유주의의] 깊은 신념과 조화를 이루지 못할 것입니다. 더욱이 인간이 본성에 있어서 "비참한 죄인"이라는 사상은 오늘날 매우 인기가 없습니다. 어느 날인가 우리 집 바로 근처에 있는 교회에서 한 설교자가 담대하게 청중들이 죄인임을 지적하는 설교를 한 적이 있습니다. 그 때 한 사람이 회중 가운데서 일어나 그가 느낀 모욕감에 대해 항의를 했습니다. 그런가 하면 언젠가 우리 주State에서 가장 영향력 있는 전 주지사 한 사람이 이렇게 말했습니다. "설교자들은 우리를 죄인으로 부르지 말아야 합니다. 우리는 그것에 진력이 났습니다." 따라서 현대주의적인 설교자는 이러한 실수를 하는 것을 경계하지요. 그는 청중들이 하나님의 진노에 대해 걱정할 필요가 없다고 느낍니다. 왜냐하면 하나님께서는 그들의 사랑의 아버지가 되시고, 그들은 모두 그분의 사랑스러운 자녀들이기 때문입니다. 심지어 그들이 그러한 복된 사실을 깨닫지 못할 수도 있지만 말입니다. 그들은 진실로 여전히 매우 불완전하지만, 그들의 불완전함은 다만 그들이 처한 사회적 환경에 속한 것일 뿐입니다. 그러한 사회적 환경에 속한 불완전함에 대해 그들은 책임이 있을 수 없습니다. 그들은 아직 하나님의 아들과 딸들로서 존엄을 충분히 깨닫지 못할뿐더러, 완전하신 아버지의 자녀로서 행해야 할 것을 행하지도 못합니다. 그들의 근본적인 결함은, 성숙을 위해 가슴속에서 고군분투하고 있는 더 높은 원칙들의 지시를 따르는 것을 실패하는데 있습니다. 그러므로 조금이라도 나아지는 것을 요구하는 것이 순서입니다. 그들은 자신들의 손이 미치는 곳에 놓인 이상ideal을 위해 분투해야 할 뿐입니다. 또한 그들이 성령의 초자연적인 역사를 의존한다고 생각하는 것은 전적으로 착각일 뿐입니다. 그들은 외부의 도움을 받지 않고서 그들 자신만의 힘으로 더 높은 경지에 오를 수 있고, 그들의 삶을 하나님의 음성인 우주적 의지Universal Will와 일치시킬 수 있는 것입니다. 좋은 환경은 당신에게 상당한 도움이 될 것이고, 물론 그리스도께서 보이신 모범과 같은 숭고한 모범은 그들의 삶에 고무적인 영향을 끼칠 것입니다.

자유주의적인 설교자가 그의 청중 앞에 설 때, 그는 무엇보다도 청중들의 영적 상태와 하나님과의 관계에 관하여 그들을 안심시키는 것이 그에게 주어진 의무라고 느낍니다. 또한 과거에 역사적 교회들의 가르침은 온갖 오해를 불러 일으켜 왔고, 종종 청중들의 마음을 두려운 불안으로 채워왔다고 봅니다. 그래서 이러한 오류를 근절시키고, 사나운 파도를 진정시키는 것이 자신들의 임무인 것이지요. 하나님께서 그들의 아버지가 되어주시고, 하나님께서 그들 모두를 사랑하시므로, 그들은 안일한 생활을 할 수 있습니다 - 그것이 무엇을 의미하든 간에. 그렇습니다. 저는 이러한 생각들을 "그것이 무엇이든 간에"라는 의미로 받아들입니다. 왜냐하면 하나님의 인격성을 부정하는 많은 현대주의자들의 관점에서 그러한 주장에 어떤 의미도 부여하기가 어렵기 때문입니다. [인격성을 부정하는] 비인격적인 힘은 확실히 인간을 사랑한다고 말할 수 없습니다. 우리는 바람의 힘, 전기의 힘 혹은 중력의 힘을 싫어하거나 미워하는 것으로 말하려고 하지 않을 것입니다. 왜냐하면 그런 생각 자체가 터무니없기 때문이지요. 그렇지만 아마도 [자유주의적인] 설교자는 청중들에게 하나님께서 그들을 사랑하시며, 그분의 위대한 사랑에 그들이 응답하도록 요구하신다는 고무적인 확신을 심어줄 것입니다. 그들은 그 일을 완벽하게 할 수 있고, 그 일을 하는데 있어 더욱 고귀한 자아nobler self의 지시를 단지 따르고 있는 것입니다.

하지만 그는, 그의 교구민들이 어떻게 그들의 사랑을 하나님께 나타내야 하는지 아는 것을 강력히 요구할 것이라는 사실을 완벽하게 알아채지요. 만일 하나님께서 단지 비인격적인 힘, 어떤 일반적이고,

편만한 정신일 뿐이시라면, 이러한 질문에 답하는 일이 더욱 절실해집니다. 단지 어떤 힘에 지나지 않는 존재가 우리를 사랑할 수 없다면, 우리가 어떤 힘을 사랑해야 하는 것 역시도 동일하게 불가능한 것일 겁니다. 적절한 의미에서의 사랑은 언제나 두 인격을 전제합니다. 자유주의적 설교자는 "여러분은 그분과 연합하고, 그분의 계명을 순종함으로 하나님에 대한 여러분의 사랑을 증거 해야 합니다."라고 말할 수가 없습니다. 왜냐하면 그 설교자의 신은 인격체가 아니며, 인간에게 외적 계명을 부과하지 않기 때문입니다. 하지만 우리는 잠시라도 그가 그 질문에 대해 답변을 못하여 당황하고 있다고 생각해서는 안 됩니다. 그는 하나님을 인류의 정신the spirit of Humanity으로 생각하기 때문입니다. 하나님께서는 모든 사람 안에 거하시어 사람을 본질에 있어 신적으로 만드십니다. 인간 자체가 하나님께 속한 최고의 계시입니다. 그리고 하나님께서는 인간과 인류 안에서 최고의 자기표현self-expression을 얻기를 원하십니다. 그러므로 그는 그의 청중들에게 그들이 그들의 동료 인간들의 유익을 위해 헌신하며, 특별히 전체로서 인류의 복지를 위해 헌신함으로 하나님에 대한 그들의 사랑을 가장 잘 나타낼 수 있다는 점을 알려 줍니다. 그는 그의 설교에서 법의 두 번째 목록을 최고의 것으로 만듭니다. 모든 사람이 하나님의 한 부분이기 때문에, 엄밀히 말하자면, 그는 사람과 그의 동료 인간 사이의 관계 이외에 다른 어떤 도덕적 관계도 인식하지 못하는 것입니다. 진정한 종교는 인간성의 고양과 인류 세계에서 조화로운 관계 확립을 위해 최선을 다하는 데 있을 따름인 것이지요.

[사회복음의 주장들에 따르면] 우리 청년들이 전쟁터에서 임무를 수행하는 중에 영웅적으로 전사했다고 한다면, 그들은 진정 종교적이었던 것으로 여겨질 수 있고, 현대주의자들이 제공해야 하는 어떤 보상이든 받을 수가 있습니다. 사회적 공헌Service은 사회 복음의 근본적인 특징이라 할 수 있는 것입니다. 현대주의의 근본적인 특징은, 사람들로 자신의 개인적 구원을 걱정하게 만들고, 개인적 신앙의 확신에 착념하게 만들어서 마침내는 그들로 매우 자기중심적이 되어서 타인들의 유익에 헌신하는 일을 망각하게 만드는 구시대 종교의 이기심이라 부르는 것을 그들 스스로 신랄하게 비난하는 것입니다. [그러므로] 파운스President Faunce는 강한 어조로 "그의 동료들을 섬기려 하지 않고 단지 이용해 먹으려는 인간은 세상에 존재할 도덕적 권리가 없습니다. 그는 세계와 불화합니다. 그는 반사회적이고 반기독교적인 사람이며, 이 땅에서 살아갈 도덕적 권리가 없습니다."라고 말했습니다.

그러나 자유주의적인 설교자는, 그가 더욱 명료해야 한다고 느낍니다. 그의 날카로운 호소를 듣는 사람들은 자연스럽게 설교자가 염두에 둔 특별한 봉사가 무엇인지 알고 싶어지지요. 그리고 그 질문에 답하는 것은 오래 걸리지 않습니다. 그는 청중들에게 그들 모두가 자신들 안에 신성의 불꽃a spark of the divine을 지니고 있다는 사실을 다시 한 번 상기시킵니다. 그는 수욕shame과 관련된 낮은 자아와 함께, 더 높은 자아가 있다는 사실에 대한 의식에 호소합니다. 그와 같은 더 높은 자아는 그들을 하나님과 유사하게 만들고, 더 높은 자아 자체가 발현되도록 투쟁합니다. 그들은 그것의 지도에 굴복해서, 하나님의 매우 포괄적인 목적과 일치해야 합니다. 하나님의 목적은 지상에 하나님의 왕국a Kingdom of God을 세우는 것이지요. 인간은 이 일에 착수해야 하고 최선을 다해야 합니다. 왜냐하면 인간은 수행할 엄청난 과제, 즉 인간 전체의 지혜와 힘을 결합해야 할 과제를 가지고 있기 때문이지요. 인간은 세상을 하나님 나라로 바꾸는 것 외에 아무 것도 하지 말라는 요청을 받습니다. 이처럼 고귀한 이상의 성취는 모든 종류의 사회 개혁을 요구합니다. 우리 거대한 도시들의 암흑세계는 구속되어야 합니다. 야곱 A. 리스Jacob A. Riis가 그들에 대해 명명한 것처럼, 지금 우리 대도시 빈민가의 우물 속에서 뒹굴고 있는 가난한 사람들the other half은 제대로 된 거처와 옷과 양식이 주어져야 합니다. 놀이터는 우리 도시마다 각각 따로 마련되어야 합니다. 그곳에서 어린이들, 특히 빈민층에 속한 어린이들이 그들 마음껏 뛰놀 수 있어야 합니다. 사람들이 삶의 완전하고 조화로운 발전을 가질 수 있는 동등한 기회를 가지도록, 교육의 혜택이 모든 사람들에게 닿아야 합니다. 노동과 자본은 서로 이해하는 법을 배워야 하고, 여가 생활을 위해 충분한 시간을 허락할 여덟 시간 노동제를 세우고, 적어도 부분적으로나마 현재의 사회 불평등을 제거하기 위해 고려된 '최저 생활임금'을 정착시키는데 동참하는 법을 배워야 합니다. 더 많은 생산과 더 많은 수익을 얻기 위해, 농부는 개량된 과학 농업 방식에 익숙해져야 합니다. 황금률the golden rule이 무역과 상업에 적용되어야 하고, [우리 모두를] 고상하게 하는 문학과 예술의 영향력이 모두에게 미쳐야 합니다. 더욱이 국제적인 친선과 화합이 국제 재판소나 국제 연맹과 같은 수단에 의해 세워져야 합니다. 그렇게 하나님 나라는 영광 속에 도래할 것입니다.

하나님 나라를 세우는 것이 교회의(그 무엇보다도 교회에 속한) 주된 임무이기 때문에, 교회는 그 명령에 따라 사회 개혁을 위한 투쟁에 모든 자원을 동원해야 합니다. 교회는 불 속에서 몇몇 상품들을 건져내려는 비교적 헛된 노력에 힘을 쏟지 말고, 사회를 변혁시키기 위해 최선을 다해 불을 꺼야 합니다. 왜냐하면 결국 거듭난 개인들은 오직 혁신된 사회에서만 발생할 수 있기 때문입니다. 모든 곳에서 정의로운 관계가 성립되면, 오리가 물가를 찾아가듯, 사람들은 자연스럽게 바른 길로 나아가게 될 것입니다. 이 모든 것을 고려할 때, 우리는 현대주의 설교자가 자연의 아름다움, 문학과 예술, 역사적 사건, 여가 선용, 적절한 농법 등에 관해 논하는 것을 자신의 의무로 간주한다는 사실을 잘 이해할 수 있게 됩니다. 그는 매우 높은 목표를 가집니다. 세계 변혁은 그의 영혼을 사로잡은 이상ideal입니다. 만일 그가 성공한다면, "황무지는 장미꽃으로 만발할 것이고" 모든 이들이 구원의 길을 따를 것입니다.

하지만 이 시점에서, 여러분은 한 가지 이의를 제기하게 됩니다. 여러분은 사회 복음 안에 그리스도를 위한 여지가 있는지를 알려 합니다. 이 질문에 대한 답변으로, 현대주의의 설교자들은 이렇게 말할 것입니다. "가장 확실하게! 강조점이 바뀌기는 했지만, 그리스도께서는 그 안에 아주 큰 여지를 가지고 계십니다. '구시대 종교'의 설교자들은 십자가에 못 박힌 그리스도의 죽음을 속죄로 여기는 습성이 있으며, 죄인을 그의 피의 용서와 정화의 중요성에 놓고 언급하기를 기뻐합니다. 그들은 그들의 회중이 이렇게 노래하는 것을 좋아합니다."

"보혈로 가득 찬 샘물이 있네!
그 피는 임마누엘의 혈관에서 흘려진 것이라네,
죄인들이 그 피 아래로 뛰어드니
모든 죄의 얼룩이 사라졌네."

혹은

"내가 그 놀라운 십자가를 곰곰이 생각할 때
영광의 왕께서 그 위에 죽으셨다네.
내가 계수하는 가장 큰 이득이 있으나 다 잃고 말 것들이라네,
나의 모든 자랑을 경멸한다네."

"주님, 저로 자랑을 말게 하소서.
그리스도의 죽음으로 구원하소서. 나의 하나님!
저를 가장 매혹하는 모든 헛된 것들을
그분의 보혈에 바칩니다."

그는 계속 이렇게 말할 것입니다. "그러나 우리, 더욱 현대화된 설교자들은 그리스도의 죽음에 특별히 관심이 없답니다. 우리는 그분의 용서하시는 사랑을 그의 외아들의 죽음에 의존시킬 정도로 잔인한 하나님도, 또 수많은 다른 사람들의 죄를 씻어내는 한 사람의 피의 효력도 상상할 수 없답니다. 그러한 피의 신학은 우리에게 혐오감을 줍니다. 우리는 그리스도의 죽음death이 아니라 그분의 삶life에 주의를 기울입니다. 그리스도께서는, 그분 이전이나 이후에 어떤 사람도 갖지 못한 하나님과의 일체성을 인식하셨습니다. 그러므로 그분께서는 그의 전 삶을 하나님 나라를 세우는데 헌신하셨습니다. 그분께서는 결코 주저하지도, 이상을 망각하지도 않으셨지요. 비록 지독한 반대를 겪으셨지만, 그분께서는 목표를 향해 결연히 저항하셨습니다. 그리스도께서는 그분의 삶의 대가를 치르도록 요구받으실 때, 조금의 흔들림조차 없으셨습니다. 그렇습니다. 그리스도께서는 우리에게 소중한 분이십니다. 그분께서 우리에게 하나님의 우주적 부성애와 그분의 모든 자녀들을 향한 그분의 불멸적인 사랑을 가르치십니다. 그분의 모범은 하나의 영감이 되고, 자신의 자취를 따르라고 우리에게 손짓합니다. 만일 우리가 [그분과] 동일한 결단력으로 임무를 수행한다면, 우리는 그분을 따라 가장 높은 곳에 이를 수 있습니다."

그러나 여러분은 다시 한 번 설교를 중단시키고 이렇게 말하게 됩니다. '당신의 복음은 구원의 어떤 조망을 주는지요?' 현대주의 설교자는 다시 한 번 확고한 긍정으로 답할 것입니다. 그러나 그는 서둘러 덧붙일 것입니다. 사회 복음은 몇몇 개개인의 사적인 구원을 우선적으로 지향하지 않습니다. 사회 복음은 [자기 자신만이] 세상으로부터 구원받고자 하는 이기적 욕망에 대해 건전한 혐오감을 가집니다. 현대인은 자신이 서 있는 사회적 관계 안에서 세상과 함께 구원받기를 원합니다. 우리가 제공하는 구원은 우리가 모르는 막연한 미래에 누리게 될 영원의 희락이 아닙니다. [오히려] 우리의 전망은 훨씬 더 실재적입니다. 우리는 존재하지 않을 수도 있는 천상의 은행 수표로 당신을 현혹하지 않습니다. 진화의 과정은 결국 완전한 날을 맞게 될 것입니다. 사회는 하나님과의 일치와 유기적 통일성을 인식하게 될 것입니다. 그 날이 밝으면, 사랑이 최고 통치자가 될 것이고, "내가 내 아우를 지키는 자니이까"[창 4:9]라고 말하는 대신에, 모든 사람이 자기 동료들의 유익을 위해 전념하게 될 것입니다. 우리는 하늘로 변모한 땅을 물려받을 것이고, 그곳에 정의가 머물 것입니다. 그러한 복된 소망을 마음에 품은 우리 모두는 이렇게 노래합니다.

"그것은 영광이 될 것이다. 나에게 영광이 될 것이다."

저는 저의 강의 중에 여러분께서 사회 복음에 대한 평가를 내리셨다고 의심하지 않습니다. 그러나 제가 만일 많은 영역에서, 이처럼 광범위하고, 통속적인 형태의 설교에 대해 [어떠한] 평가를 [분명하게] 내리지 않는다면, 여러분께서 실망감을 느끼실 것이라 우려됩니다. 하여잠시 그 특징들을 비교해 보고자 합니다. [먼저] 역사는 우리에게 많은 교훈을 주었고, 그 교훈들 중 하나는, 거의 모든 경우에 과거의 이단들도 어떤 선한 점들을 가지고 있었다는 점입니다. 사회 복음 역시 가치 있는 생각들을 포함하고 있습니다만, 이러한 복음은 근본적으로 건전하지 못하고 해롭다는 것이 저의 분명한 확신입니다. 동시에 저는 그것이 다른 상황 속에서도 완전히 추천할 만한 어떤 요소들을 포함한다고 말하는 것도 억지스러워 보입니다.

때때로 그리스도인의 삶의 아름다움을 훼손하는 이기적인 개인주의의 부류가 있는데, 이것은 인간을 자기중심적으로 만드는 경건[혹은 경건주의]의 일종입니다. 여러분은 기도를 많이 하고, 경건한 망상에 빠져 종종 자신을 잃어버리며, 항상 개인 구원을 확신하는데 열중하지만, 다른 사람들의 영적 복리에 대해 거의 신경을 쓰지 않는 그리스도인들을 만나기도 하고, 또 당연한 듯 그렇게 될 수도 있을 것입니다. 그들은 다른 사람들의 구원에 대해 강력한 책임의식을 느끼지를 못합니다. 비록 그들이 전도와 선교 사역을 긍정하기는 하지만, 그러한 것들을 어디까지나 부차적인 것으로 여길 뿐입니다. 그러면서도 자신들의 개인 구원에 대한 물음에 대해서는 정말로 그들의 모든 관심을 집중합니다. 이러한 그리스도인들은 종종 사회 복음의 신봉자들에 의해 부당한 방식으로 조롱거리가 되곤 합니다. 많은 경우에, 세상을 하나님 나라로 변혁시키는데 너무도 바빠서 개인의 죄와 구원을 망각한 사람들[사회복음주의자들]보다는 이들이 더욱 더 경건하게 보일 수가 있을 것입니다. 하지만 얼핏 사회 복음의 그러한 [비판적인] 주장은 무시되어서는 안 될 것입니다. 그러한 그리스도인들은 마치 사해the Dead Sea와도 같기 때문입니다. 그들은 입구는 있지만 출구는 없습니다. 그들은 기꺼이 받지만 베풀지 않습니다. 결과적으로 그들의 삶은 종종 고여 있는 웅덩이를 닮아있지요.

게다가, 이교도들 안에 들어가서 선교 사역에 열심을 내지만, 그들 주변에서 일어나는 사회악에 대해서는 다소 무관심한 그리스도의 교회의 회원들도 있습니다. 어떤 경우에 있어서 그들은 불쾌감을 주는 사람들에게 관심을 기울이기도 하고, 자신의 진영에 불만을 표하기도 합니다. 그러나 그들은 [그러한 것을] 교정하는 데에는 어떤 노력도 기울이지 않습니다. 사회 복음에 의해 제안된 많은 개혁들이 상당히 훌륭하기도 하고, 우리가 사회생활의 악에 대해 사악하게 침묵하면서도 싸울 준비를 하지 않는다는 비난이 항상 무의미한 것만도 아닙니다. 물론 제도로서의 교회가 모든 종류의 사회적 개혁에 관여해서는 안 된다는 것은 분명한 사실입니다. 그러나 하나님의 말씀의 빛이 우리가 속한 사회의 나아갈 방향을 비추고, 우리 국민들이 현 사회를 훼손하는 해악들과 적극적으로 전투를 벌이고 있음을 직시하는 것도 우리 설교자들의 의무라 할 수 있습니다. 이러한 교훈들은 사회 복음으로부터 신속히 배울 만한 것입니다.

그러나 더욱 생각할 것이 있습니다. 복음은 하나님 나라를 위한 우리의 사역이 단지 부정적일 뿐만 아니라 또한 긍정적이며, 단지 파괴적일 뿐만 아니라 또한 건설적이기도 하다는 사실을 우리에게 상기시켜 주기도 합니다. 늘 그렇게 하듯이, 우리가 우리의 신앙이 온 세상에 편만해져야 하고, 하나님의 말씀의 영원한 교리들이 삶의 전 영역에 적용되어야 한다는 것을 고백한다면, 우리는 그것들이 유효하게 되도록 결연한 시도를 해야 합니다. 윈스턴 처칠Winston Churchill의 『컵 속에서』 Inside of the Cup라는 저서에 나오는 팔 장로Elder Parr같은 선량한 사람들이 많이 있습니다. 만약 그들이 일상적인 일들에서 자신의 종교를 내려놓을 수만 있다면, 그들은 교회에서 장로로서 기꺼이 섬길 의향이 있습니다. 우리는 다른 사람과의 일상적인 교제 안에, 우리의 교육적 노력 안에, 우리가 종사하는 사업 안에, 금융과 노동의 세계 안에 그리스도의 정신을 의무적으로 반영해야 합니다. 우리가 세상을 실천적인 기독교의 빛나는 본보기로 삼을 수만 있다면, 이것은 헤아릴 수 없는 영향력을 가진 효모로 판명될 것입니다. 우리의 믿음을 우리의 행위로 보여줍시다! 평가할 만한 다른 요소들이 언급될 수 있지만, 이미 말씀 드린 것으로도 "새로운 시대의 예언"이 몇몇 교훈들을 우리에게 줄 수 있다는 것을 증명하기에 충분하다고 생각합니다. 만일 빛의 자녀들이 그들의 세대 안에서 지혜롭다면, 그들은 사회 복음의 주창자들로부터도 기꺼이 배우려 할 것입니다.

그러나 여러분의 관심을 끌었던 매혹적인 특징들이 우리를 새로운 복음의 내적인 부패internal corruption에 대해 무감각하게 만들어서는 안 됩니다. 우리는, 속죄하는 그리스도의 피의 효력으로 그리고 우리 마음속에 내주하신 성령님의 초자연적 역사를 통해 우리가 오직 하나님에 의해서만 구원 받을 수 있다고 하는 확신을 견고히 지켜야 합니다.

결론적으로, 우리의 구원은 처음부터 끝까지 하나님의 초자연적 사역에 의존합니다. 그에 반해 사회 복음은 전적으로 자연주의적이며, 기독교를 이방인의 종교와 동일한 수준에 놓이게 합니다. 그것은 하나님의 말씀에서 유래하지 않으며, 인간의 순수한 고안품일 뿐입니다. 그것이 우리에게 그려준 그림은, 혹시 그가 하나님을 찾는다고 한다면, [그것은] 불확실성 속에서 더듬고, 하나님을 더듬어 찾아 헤매는 사람의 그림입니다. [그런 그들의 그림에 따르면] 하나님께서는 자신의 삶을 위해 자신의 자원들에 내맡겨지고, 완벽하게 자연의 과정에 의한 완전으로 발전하기 위해 노력하시는 분이십니다. 구원이라는 성채의 문은 내부에 열쇠를 가지고 있고, 오직 하나님에 의해서만 열릴 수 있지만, 현대주의자는 세상으로 하여금 열쇠가 외부에 있으며, 인간 뜻대로 열 수 있다고 믿도록 하고 있습니다.

절대적으로 사회 복음은 잘못된 방향으로 오도되고 있으며, 그러므로 그 폐해가 끔찍합니다. 현대주의의 설교자들은, 동료가 서서히 파멸에 빠져들고 있는 위험한 난국에 직면한, 그리고 어떤 외부적인 도움을 제공하거나 가리킬 여력 없이 그저 이러한 말들로 희생자를 격려만 하는 사람을 상기하게 합니다.

"모든 것이 괜찮답니다. 당신은 건강하거든요. 당신이 에워싸임을 당할 것이라고 두려워하지 마세요. 왜냐하면 [당신이 딛고 선] 바닥은 단단하거든요. 그리고 만약 당신이, 당신의 힘을 인식하는 가운데서 있는 힘을 다해 노력하기만 한다면, 결국 당신은 당신 자신을 도울 수 있을 겁니다. 당신이 할 수 있는 최선의 일은 수렁을 견고한 땅으로 바꾸는 것 뿐입니다."

[이처럼] 평화가 없는데도, 사회 복음은 익숙한 평화! 평화의 외침을 드높입니다! 죄악이 가진 극도의 사악함을 강조하는 대신, 사회 복음은 하나님의 크신 사랑을 길게 늘어놓으며, 사람들에게 그들이 정죄의 심판 아래 있는 죄인이 아니라 이 위대한 특권의 복된 의식으로 성장하도록 운명 지워진 하나님의 자녀들이라는 위로의 확신을 줍니다. 사실 그들의 삶은 불완전함으로 특징 지워지지만, 이것들은 단지 현재 발전 단계에서 나타나는 사회의 불완전함일 뿐입니다. 그리고 만약 그들이 더욱 높은 자아를 촉진하는 데로 나아가기만 한다면, 월터 라우셴부쉬Walter Rauschenbush가 말한 것처럼, 그들은 곧 천사들과 동일한 수준에서 이야기 할 것입니다. 그러한 복음은 인간을 다가오는 하나님의 진노의 계시에 대해 무관심하게 만들고, 그들의 죄악 된 상태에 관해 냉담하게 만듭니다. 사회 복음은 예수 그리스도의 보혈로부터 속죄하는 의미를 강탈하고, 인간의 자연적인 능력 안에 있는 보증되지 않은 확신만을 증진시킵니다.

사회 복음이 인간에게 세상을 하나님 나라로 변혁시키라 요구할 때, 그것은 인간에게 감당할 수 없는 일을 부과하는 것입니다. 하나님 나라는 하나의 영적인 공동체이며, 오직 성령의 역사에 의해서만 세워질 수 있습니다. 외적인 개혁들은 단지 삶의 표피만을 다룰 뿐, 그것의 내적인 부패를 제거하지는 못합니다. 외적인 개혁들은 마치 썩은 나무 위에 베니어 덮개a coat of veneer와 같습니다. 때때로 어느 한 방향으로의 개혁들이 또 다른 방향에서 새로운 악들을 산출하곤 합니다. 삶의 내적인 부패는 끊임없이 변화하는 형태로 그 자신을 드러내기 마련입니다. 적절한 위생과 휴양, 사회적 악과 주류[술] 사용량을 억제하려는 노력, 그리고 개인과 국가 사이의 평화로운 관계 확립은, 성령의 사역과 별개로 고려한다면, 칭찬할 만한 것이 있다 하더라도, 그러한 일들이 하나님 나라를 인간에게 조금이라도 가까이 이르게 하지는 못합니다. 1차 세계대전은 교육과 문명을 통해 하나님 나라를 세우려는 시도의 무가치함을 여실히 [증명해] 보여주었습니다. 이 세계 대참사가 신Neo 신학의 명성을 가진 J. R. 캠벨J. R. Campbell과 벤자민 페이 밀스 목사Rev. Benjamin Fay Mills와 같은 사람들의 새로운 복음의 가장 두드러진 예언들 중 일부를, 정통 교회들의 신자 공동체 안으로 몰아넣었다는 것은 놀란 말한 사실이 아닙니다. 많은 사람들이 기독교의 실패에 대해 말한 것은 당연합니다. 왜냐하면 확실히 전쟁이라는 것은 현대주의 기독교의 실패에 관한 명백한 증거였기 때문입니다. 그러한 기독교 신앙은 반드시 실패할 수밖에 없습니다. 앗시리아, 바빌로니아, 이집트, 그리스 그리고 로마와 같은 과거의 강대국들이, 문화적으로 결핍되어서가 아니라 그들이 도덕적으로 부패하여 멸망했다는 사실을 기억하십시오.

마지막으로, 일부 사회 복음의 신봉자들이 "어디엔가 있을법한 아름다운 섬" 안에 있는 어떤 종류의 행복에 대해 모호한 방식으로 말하기는 하지만, 사회 복음은 미래에 대한 소망을 제공하지 못합니다. 그들이 일관성을 가진다면, 이처럼 해서는 안 되고, 또 이렇게 하지 않았을 겁니다. 지상에서 구원은 목표입니다. 그러나 지상에서 하나님 나라의 실현을 보기 위해 살지 않는 세대들에게 이것은 무슨 의미를 가질까요? 전혀 의미가 없습니다. 그들에게 구원의 어떤 확실성도 없습니다. 언젠가 우리 설교자들 중 한 사람이, 현대주의자가 강단에 올라가 있을 때, 공개적으로 그에게 질문을 던진 적이 있습니다. "한 사람이 임종의 자리에 있을 때, 당신은 그에게 무엇을 제공할 수 있습니까?" 그 현대주의자는 솔직하게 답했습니다. "아무 것도 제공할 수 없지요." [하지만] 우리는 더 훌륭한 소망을 가졌습니다.

"복된 집이 있다네.
비참한 이 땅을 넘어
시련이 없는 곳
슬픔의 눈물도 흐르지 않는 곳

믿음은 어디론가 시야에서 사라지고

인내의 소망에 관이 씌워지는 곳
영원한 빛
그 영광이 여기저기를 비추는 곳"

"평화의 땅이 있다네.
선한 천사는 그곳을 잘 알고 있다네.
결코 멈추지 않는 기쁨의 노래가
그 입구에서 퍼져 나온다네.
영광스러운 보좌 주위에서
만 명의 성도들이 그리스도를 성부와 하나로 흠모하고
성령님을 영원히 흠모한다네."

Part 2

칼빈주의 VS 현대주의

현재 우리들은 종교적인 쇠퇴에 관한 많은 얘기들을 들을 수 있습니다. 그 예로써 교리적 무지와 무관심, 참된 헌신과 진정한 경건 spirituality의 결핍, 그리고 예수 그리스도의 교회 안에 증가하는 세속적인 것들을 들 수 있겠지요. 이러한 불만들은 때때로 마치 그다지 심각하게 고려해 볼 가치가 없는 문제인 것처럼 아주 가볍게 무시되곤 합니다. 어떤 이들은 더 심하지는 않았을지라도, 동일한 불만들이 만연해 있었던 교회 역사의 [어떤] 시기들이 [항상] 있어왔다는 생각으로 스스로를 위로하기도 합니다. 물론 그것은 작은 위안일 뿐입니다. 다른 사람들은 그러한 불평을 조롱하고, 불평하는 사람들이 노쇠해지고 있다는 증거로만 여깁니다. 그러나 이러한 행동은 비웃는 사람들의 천박함만을 증명할 뿐입니다. 현재 쇠퇴하는 추세에 대한 매우 많은 증거들이 있어서, 이와 같은 염려스러운 생각들은 그렇게 가벼운 마음으로 무시될 수 없는 문제들인 것입니다. 많은 요인들이 이러한 슬픈 사태에 원인을 제공해왔고, 이들 중에 가장 중요한 한 요인은 의심할 여지없이 적절한 신앙적 훈련의 결핍에서 발견됩니다. 그 점에 있어서, 우리나라[1951년의 미국]는 [그것을] 뿌린 대로 거두고 있을 뿐입니다. 우리나라는 세속화된 교육을 통해 뿌려온 것을, 세속화된 종교를 통해 거두고 있습니다. 모두가 듣는 불평들은 종교 진리에 대한 결핍된 지식만이 아니라 일상생활에서 도덕적 기준을 무시하는 것에도 관계됩니다. 어떤 그룹에서는, 성경의 종교적 가르침들이 윤리적 삶을 위태롭게 하는 일 없이 무시될 수 있다고 상상합니다. [그것은] 믿는 것에 아무런 차이가 없다고 주장하는 사람들에게는 참 편한 생각일 수 있습니다. 그러나 특히 지난 세계 대전 동안 성경의 교리적 가르침에 대한 무지와 거부가 완전히 경멸적인 것은 아니더라도 분명히 도덕적인 기준을 저해하는 결과를 초래할 수밖에 없었다는 사실이 점점 더 명백해졌습니다.

[그 동안] 세계 각국의 도덕적 삶은 서서히 쇠퇴해왔습니다. 가족은 항상 사회 구조의 진정한 초석으로 여겨져 왔지만, 지금에 와서는 많은 경우에 더욱 믿을 수 없는 사람처럼 되어버렸습니다. 결혼은 가벼이 행해졌고, 그들 중 놀라운 비율로 이혼 법정에서 끝나버리고 맙니다. 자녀들은 종종 어떤 부모의 지도도 없이 자력으로 살도록 방치됩니다. 당연한 결과들 중 하나는 만연한 청소년 비행입니다. 현대 소설과 영화는 성범죄를 세상에서 매우 자연스럽고 당연한 것들 중 하나로 표현합니다. 결혼 관계의 신성함은 조롱 당하고, 부도덕은 그것이 현재 전성기임을 경축합니다. 어떤 사람이 딤후 3:1-5절에서 바울이 말한 그러한 시대에 우리가 살고 있는 것은 아닌지 매우 진지하게 자문해 보는 것은 전혀 이상할 것이 없습니다.

그리고 이 모든 것은, 우리 시대의 기독교 종교가 이전의 활력을 많이 잃어버렸고, 감정적이고 나약하게 되었다는 것에 상당한 책임이 돌려집니다. 이 시대의 기독교 종교는 율법의 첫 돌 판에 대해 잊어버렸고, 이제 종교적 제재 기준이 없으므로, 두 번째 돌 판을 효력 있게 할 힘을 갖지도 못합니다. 일반적으로 교회는 인간 이성에 의해 좌우

되는 도덕성의 장려를 위한 순전히 인간적 제도로 간주되어버렸습니다. 그리고 지역 교회는, 주일에 자신의 개인적 사견들을 공표하므로 교구민들을 지도하려고 하는 소위 "복음의 장로들"의 관리 하에 있는 단순한 사회 센터 정도로 여겨집니다. 많은 경우에 교회가 사회 기관처럼 되어버렸고, 권위 있는 메시지를 상실했기 때문에, 교회는 활력을 잃었으며 사람들에 대한 영향력을 상실해버렸습니다. 그리고 교회는 영적인 삶과 영적인 힘의 성장을 위한 효과적인 기관으로서의 역할을 멈추었습니다.

이러한 상황이 유행하는 어디에서나 (현대주의가 지배하는 모든 교회들이 그렇듯이) 그러한 교회들은 현재 교회의 생명을 위협하고 있는 세속주의의 위험을 대처할 능력이 없습니다. [이에 따라서] 현재 다수의 선한 그리스도인들이 현재의 위기에서 교회의 유효성이 초교파적 연합, 즉 로마 가톨릭과 개신교, 칼빈주의자들과 알미니안주의자들, 정통주의와 자유주의로서의 모든 교회들의 유기적 연합을 촉진하는데 달렸다고 생각하는 것 같습니다. 그러나 사실인즉 내적 일치의 자연스러운 표현이 아닌, 그리고 하나님 말씀 안에 계시된 진리에 관해 현재와 같이 결여된 합의를 무시하거나 모호하게 만들 때만 주장할 수 있는 그러한 외적 연합은 분쟁으로 분열되고 불의로 뒤 덥힌 세상에서 더듬거리고 있는 혼란에 빠진 대중들에게 진정한 힘이 되어주는 것, 진정한 영적 능력의 요새나 공의의 능력을 효과적으로 재집결 시키는 계기로 입증되지 못할 것입니다.

그러한 외적 연합은 현재의 분열된 교회를 진정한 "진리의 기둥과 터"로 바꾸지 못할 것입니다. 전체로서의 교회는, 그것이 믿음의 일치와 하나님의 아들에 대한 지식의 일치에 이르는 한에서만, 의와 진리를 촉진시키는데 진실로 유효한 기관agency이 될 것입니다. 교회가 현대의 자유주의자들과 복음주의적 보수주의자들의 요상한 불륜을 그대로 품어주고 있는 한, 고귀한 소명에 확실하게 응답할 수 없을 것입니다. 이러한 사실은 현대주의와 칼빈주의로 대표되는 그러한 상반된 견해를 고려하고 비교하는 것으로부터 명백해 질 것입니다.

◇ 종교에 있어서 권위에 대한 그들의 원칙

18세기의 유명한 침례교 설교자, 앤드류 플러Andrew Fuller, 1754-1815는 언젠가 목회협의회a ministerial association에서 설교하도록 초대를 받은 적이 있습니다. 그가 목회자들에게 설교해야 했던 장소를 향해 나섰을 때, 그는 최근의 많은 비로 도로가 범람했다는 사실을 발견했습니다. 한 곳에서는 물이 매우 깊어 보였습니다. 그는 그 도로에 대해 잘 알지 못했기 때문에, 정확한 깊이를 판단할 수가 없었고, 그래서 계속 가기를 주저했지요. 그러나 그 도로의 형세를 잘 아는 그 곳 주민 한 분이 그를 불렀습니다. "계속 가세요! 당신은 매우 안전하답니다." 그는 말을 앞으로 몰았지만, 물이 곧 안장에 닿았습니다. 이러한 상황이 그를 멈추어 생각에 잠기게 했습니다. 그 때 그 남자가 소리쳤습니다. "계속 가세요! 괜찮습니다!" 마침내, 그는 그 사람의 말을 믿고, 똑바로 나아가 안전하게 물을 건넜습니다. 이 사건은 그에게 "우리는 믿음으로 걷지, 보이는 것으로 걷지 않습니다." 라고 하는 어구를 떠오르게 했습니다. 이 사건은 칼빈주의와 현대주의 사이에 가장 근본적인 차이점 중 하나인 권위에 대한 그들 각각의 원칙 사이에 있는 차이점을 생각나게 합니다. 이 지점에서 두 사람 사이에 가장 본질적이고 영구적인 차이점이 정확하게 발견된다는 사실이 모순에 대한 두려움 없이 언급될 수 있습니다. 종교에 있어서 제기되는 가장 중요한 질문 중 하나는, 항상 "왜 당신은 그렇게 믿나요?"이지요. 교회사를 연구해 보면, 우리는 세 가지 답변이 권위의 원칙에 관한 질문에 주어진다는 사실을 발견합니다.

우선 로마 교회가 그 질문에 대해 준 답변으로부터 시작하도록 허락해 주시길 바랍니다. 이에 대해 간략히 말하자면, 단순히 교회가 결정한 것이 진리가 됩니다. 로마 가톨릭 학자들이 때때로 믿음의 규범으로서 성경과 전통에 대해 언급하지만, 동시에 그들은 이러한 이해를 교회의 해석에 의존하게 만든다는 것이 널리 인정됩니다. 심지어 그들의 교회는 무엇이 사도적 전통으로 간주될 수 있는지를 결정하기까지 합니다. 결국 그들은 모든 것을 교회의 판단에 의존하는 것입니다.

그리고 여기서 우리가 '교회'에 관해 논할 때에, 로마 가톨릭이 항상 "신실한 자들의 전체 몸"이라고 부르는 것에 관해 생각하고 있지 않고, 사제, 주교, 대주교, 추기경 그리고 교황으로 구성된 사제 위계 제도를 생각하고 있다는 사실을 알아야 합니다. [그들에 따르면] 교회는 오류가 없기 때문에, 성경과 전통을 오류 없이 해석할 수 있는 것으로 여겨집니다. 교회가 사람들에게 가르치는 것은 반드시 믿어야 합니다. 데하르베Joseph Deharbe, 1800-1871는 이렇게 말한 바 있습니다. "오직 성경만이 아니라, 성경과 전통이 신앙의 올바른 규범입니다. 그리고 성경과 전통은 오류 없이 교회에 의해 해석됩니다."

종교개혁자들은 이 점에 대하여서 로마 가톨릭교회에 반대했고, 성경이 믿음과 실천의 유일한 규범이라는 사실을 확실히 강조했습니다. 그들은 소위 사도적 전승이라는 것을 전적으로 부정했고, 교회의 무오성 또한 부정했습니다. 그들은 성경을 무오한 하나님의 말씀으로 여기는데 있어서는 로마 교회에 동의했지만, 또한 로마 교회와 다르게, 성경이 그 자체의 빛으로 읽어야 하고, 성경을 성경으로 해석해야 하는 신적 계시라는 사실을 강조했습니다. 그들은 두 가지 근본적인 원칙을 단호히 주장했습니다. 첫째로, "Scriptura Scripturae interpes," 즉 성경이 성경의 해석자라는 것과, 둘째로, "Omnis intellectus ac expositio Scripturae sit analogia fidei," 즉, 성경에 관한 모든 이해와 해설은 믿음의 유추를 따라야 한다는 것입니다.

우리는 종교개혁의 후손들이며, 성경을 최종적인 항소법원the final court of appeal으로 보고, 모든 개인이 성경을 향해 그가 가진 태도에 있어서의 책임이 있는 것으로 간주합니다. 칼빈주의자들이 그렇듯이, 우리는 성경을 우리의 하나님이시자 왕 되신 분의 무오한 말씀으로, 그리스도 예수 안에서 복된 구속의 계시로 존중할 뿐만 아니라 삶의 모든 영역에서(과학과 예술, 상업과 산업, 경영과 정치 안에서) 인간의 길을 비추는 빛으로 존중합니다. 우리는 열정적으로 이렇게 노래합니다.

"주님의 성도들이여, 당신들의 믿음을 위해 얼마나 견고한 기초가 그분의 탁월한 말씀에 놓여 졌는가!"

그러나 18세기에 합리주의rationalism라는 매서운 바람이 땅을 휩쓸었습니다. [그리고] 종교개혁이 인간의 종교적 해방에 단지 절반밖에는 효과가 없었다는 주장이 제기되었습니다. 종교개혁은 정말로 인간을 무오한 교회나 교황의 횡포로부터 건져냈지만, 교회나 교황을 무오한 책이라는 견디기 힘든 멍에로 대체했다는 것입니다. [그들에 따르면] 인간이 진정 자유로울려면, 성경의 질곡에서 벗어나야 합니다. 고등 비평higher criticism 작업에 의해 성경의 영감은 부정되었고, 성경의 권위도 손상되었습니다. 그리고 시간이 흐름에 따라, 성경을 다른 책들과 동일한 수준에서 순전히 인간의 작품으로 보고, 성경이 믿음과 실천에 관한 모든 문제에 있어서 항소 법원the court of appeal으로 간주되어야 한다는 생각을 조롱하는 것이 크게 유행했습니다.

합리주의의 영향력 아래, 또 다른 하나의 권위의 표준이 세워졌습니다. 불완전한 인간 이성이 종교적인 문제에 있어서 최종 항소 법원이라는 터무니없는 주장을 대좌a pedestal에 올려놓은 것입니다. 이성은 그 자체를 하늘과 땅의 모든 것들의 판단자로 간주했습니다. 이성은 하나님의 말씀이 얼마나 진실한지까지 판단하고, 인간의 신앙의 합리적인 내용을 결정하는 것을 자신의 몫으로 여겼습니다. 이성의 판단에 따르면, 자연인natural man에 의해 이해되고 납득된 것들만이 진실로 받아들여질 수 있습니다. 이러한 사상의 결론은, 초자연적인 것은 극단적인 것으로 흐른다는 것입니다.

더욱 오래 전에 있었던 합리주의는 기독교 신앙을 하나의 교리로서 간주했었고, 그러한 관점에 있어서 오늘날의 여러 합리주의와 달랐습니다. 현대주의도 합리주의의 한 종류로 간주될 수 있겠습니다만, 기독교 신앙을 본질적으로 교리라기보다는 삶으로 본다는 점에 있어서 옛 합리주의와는 다릅니다. 현대주의의 유명한 구호slogans 중 하나는 "기독교는 교리가 아니라 삶이다."라는 것입니다.

결과적으로 현대주의의 인간 이성에 대한 호소는 상당히 변형되어 버렸습니다. 현대주의가 이론적인 요소들을 전적으로 놓치는 것은 아니지만, 그것은 실천적 이성, 즉 양심, 경험 또는 인간의 가치관에 훨씬 더 많이 호소합니다. 오직 그러한 것들만이 우리 자신의 삶에서 전해질 수 있는 진실로 간주됩니다. 이러한 생각은 자연히 모든 기적들, 곧 동정녀 탄생, 예수 그리스도의 육체적 부활 등을 부정하지요. 혹은 그것을 다른 식으로 표현하자면, 오직 그것들만이 인간의 종교적 본성에 호소하고, 영적인 삶에 도움이 되는 진실입니다. 이러한 생각은 다시 여러 중대한 진리들, 곧 전적 타락, 대속, 그리스도의 신성, 동정녀 탄생과 같은 진리들을 배제시켜버립니다. [여기서 발생하는] 중요한 의문은, 종교의 영역에 있어서 누가 참 된 것을 결정할 것인가? 하는 것입니다. 이에 대해 칼빈주의자는 '하나님'이시라고 답하나, 현대주의자는 '인간'이라고 답합니다.

우리가 현대주의의 가장 본질적이고 변하지 않는 특징을 발견하게 되는 곳이 바로 이 지점입니다. 여러 중대한 요점에 있어서 교회의 위대한 신조(信條)들에서 정의된 것과 같은 진리와 몹시 불일치하여, 현대주의가 주로 잘 정의되고 일관된 그리고 균일한 신학적 진리 체계라는 가정은 유효하지 않습니다. 현대주의자들은, 과거의 교회가 물려준 장엄한 진리의 체계, 한편으로 자기 일관적이고 잘 통합된 신학체계를 아직 대체할 수 없다는 것을 자인합니다. 현대주의 주창자들은 중요한 사항에 대해 그들끼리 서로 [견해가] 다를 뿐만 아니라, 늘 변하는 삶의 일반적 속성, 혹은 그 시대의 과학적이고 철학적인 견해에 있어 광범위한 변화 때문에 그것의 가장 근본적인 가르침 가운데 일부를 부득이 하게 버리게 됨을 인식합니다.

지난 25년간의 충격적인 사건들은 현대주의의 피상적인 낙관주의를 침묵하게 만들었습니다. 그리고 현대주의의 가장 중요한 지도자들 중에 일부는, 진노하지 않으시는 하나님, 본유적으로 선하고 본질적으로 신적인 인간, 진화의 연속적인 과정, 인간을 더욱 높은 도덕적, 종교적 수준으로 끌어올리는 것, 인간 고유의 능력에 의한 완전성, 대단한 죄의 심각성, 그리고 세상을 하나님 나라로 바꾸고 천년 왕국의 도래를 알리는 인간의 능력에 대한 그들의 견해를 수정하는 것이 그들의 의무라고 느끼게 되었습니다. 많은 현대주의자들은, 그들이 제정신으로 돌아왔다는 사실을 스스로 시인하며, 현대주의의 위기와 현대주의의 패배에 대해 이야기합니다. 그것이 더 이상 가장 근본적인 가르침을 유지할 수 없다는 사실에 비추어 볼 때, 현대주의자들이 진리에 다가가는 새로운 방법을 찾아야 된다는 사실이 그들에 의해 매우 일반적으로 인정됩니다.

그러나 그들 중 많은 사람들이, 현대주의가 굳이 신학적 진리의 특정한 구조를 나타낼 필요는 없기 때문에, 무엇보다 그것이 신조로 간주되어서는 안 되기 때문에, 이것이 현대주의의 종말과 교회의 전통적 가르침으로의 복귀를 뜻하지 않는다고 즉시 덧붙입니다. 그들은 현대주의가 본질적으로 하나의 태도, 즉 진리를 추구하는 데 적용되는 하나의 방법이라는 사실을 강조합니다. 현대주의의 주된 특징은 진리를 추구하는데 있어, 그것이 어떤 전제도 없이 열린 마음으로 진행되며, 전통과 신조와 무오한 성경과 같은 어떤 외부적인 권위에 의해 구속되는 것을 거부합니다. 그리고 [현대주의자들에 따르면] 아무리 과거의 결론을 수정해야 한다고 할지라도, 이러한 태도와 방법은 유지되어야 하고 유지 될 수 있습니다.

이것은, 그들이 여전히 종교적 진리에 있어 최종적 항소법원으로서 성경을 거부하고, 인간 이성을 그러한 항소법원으로 숭배한다는 것을 의미합니다. 인간 이성의 지도 아래, 그들은 이제 현대인들의 마음에 수용될 수 있는 것으로 입증될 진리의 표상을 찾아서 서로 다른 노선을 따라 나아가되, 일부는 우파 쪽으로 더 나아가고, 다른 일부는 좌파 쪽으로 더 멀리 나아갑니다. 포스딕Harry Emerson Fosdick. 1878-1969은 현대주의를 넘어선 기독교를 요구합니다. 그리고 우리는 이제 사회 신학자social theologians 혹은 사회 개량주의자meliorists(에임스Ames, 매튜스Matthews, 웰스Wells)에 대해 듣습니다. 그들은 신학에서 형이상학을 배제시키고, 유한한 비인격적이고 유한한 하나님에 대해 말하고 싶어 합니다. 그리고 우리는 신유신론자들new theists(보버민Wobbermin, 호킹Hocking)에 대해서도 듣는데, 그들은 형이상학을 포함시키고, 하나님의 인격성을 유지하고 싶어 합니다. 신실존주의자들Neo-realists(니버Niebuhrs, 워터 홀튼Walter Horton)과 다른 사람들에 대해서, 그리고 복음주의적 현대주의자들evangelical modernists에 대해서도 듣습니다. 어떤 사람들은 바르트Barth와 브룬너Brunner의 영향력 아래 있는 부류로 분류되고, 특별 계시에 주의를 기울이기를 원합니다. 그러나 이 모든 사람들 중에 어느 누구도 성경을 오류 없이 영감 받은 하나님의 말씀으로 간주하지 않으므로, 성경을 최종 항소 법원으로 여기지도 않습니다.

◇ 신학의 원천에 대한 그들의 개념

칼빈주의와 현대주의 사이에 관련된 근본적인 차이점은 신학의 근원에 대한 각자의 견해에서 발견됩니다. 칼빈주의는 자연에서의 하나님의 일반 계시general revelation를 인정하면서도, 유일하게는 아니더라도 신학 지식의 원천을 인간을 향한 하나님의 특별 계시special revelation로서의 성경에서 일차적으로 인식합니다. 이 점에 있어서 그 지지자들에 있어서는 약간의 차이가 나타납니다. 어떤 사람들은 이차적인 원천으로 자연에서의 하나님의 계시를 언급하지만, 동시에 그것이 하나님에 관하여 어떤 일반적인 생각만을 산출한다는 점을 지적합니다. 반면, 다른 이들은, 하나님의 특별 계시에 비추어 읽을 때만, 일반 계시는 충분하고 완전히 신뢰할 만한 지식을 산출한다고 주장합니다. 그러므로 이들은 신학 지식의 유일한 원천으로 특별 계시를 이야기 합니다. 그러나 이것은 아마도, 칼빈주의자가 신학의 실질적인 내용들material contents을 하나의 객관적인 자료, 즉 하나님의 특별 계시가 구현된 거룩한 문서인 성경으로부터 이끌어내기 때문일 것입니다.

사실 현대주의는 그것의 원천을 슐라이에르마허Schleier-macher와 리츨Ritschl의 영향력에 크게 빚고 있습니다. 슐라이에르마허는 하나님에 관한 이론적 지식의 가능성을 부정했고, 이론적 지식을 '절대 의존 감정'a feeling of absolute dependence으로부터 비롯되는 경험적 지식으로 대체했습니다. 그는 그리스도인의 경험을 신학의 진정한 원천으로 간주했습니다. 경험적 자료들이 교리적 명제의 형식으로 표현될 때, 우리는 신학을 갖게 되는 것이지요. [이에 따라] 하나님께서는 지식의 대상이 되시지 못하고, 직감immediate feeling의 대상이 되십니다. 하나님이 아니라 '종교'가 연구의 직접적인 대상이 됩니다. 그리고 하나님에 대한 지식에 조금이라도 도달하려면, 삼단논법syllogism의 결과로 얻어지는 추론으로서만 얻어집니다. 반면에 리츨은 하나님 나라의 창시자로서 예수 그리스도 안에 하나님의 역사적 계시에서 출발점을 취하므로 슐라이에르마허보다 더 객관적인 척을 하기는 했지만, 결국에는 가치 판단value judgement에 의해 결정되는 기독교 신앙을 신학의 진정한 원천으로 만들므로 슐라이에르마허와 같이 주관적이 되었습니다. 인간의 주관적인 신앙은, 신학자와 예수 그리스도 안에 하나님의 역사적 계시 사이에 위치하는 것입니다. 이러한 신앙은 하나님의 말씀 안에서 계시된 진리에 대한 지적인 이해로서 인식되지 않고, '신뢰' 즉 하나님의 말씀 안에서 서술된 그 대상에 대한 실천적으로 조건화된 영적 관계로 인식됩니다. 이와 같은 신앙은 진정 지식의 요소를 포함하지만, 이런 지식은 지적이라기보다는 경험적이고 실천적입니다. 즉 하나님과의 연합 안에서의 삶으로부터 비롯된 지식이라 할 수 있는 것입니다. 그리고 이러한 믿음과 연관된 실천적 지식이 교리적인 명제 안에서 표현될 때, 신학을 구성하게 됩니다. 그래서 신앙은 신학의 원천이 됩니다. 비록 현대주의가 다양한 형태로 표현되는 것을 발견할 수 있을지라도, 이러한 주관주의subjectivism는 현대주의의 가장 공통적이고 가장 근본적인 특징들 중 하나가 되어왔습니다. 신학은 그리스도인의 경험, 그리스도인의 신앙, 그리스도인의 양심 혹은 그리스도인의 삶의 열매로 간주됩니다. 당연히 이러한 사실은, 신학이 그 특징을 전적으로 바꾸었다는 것을 의미합니다. 하나님에 관한 지식으로서 신학이 종교에 관한 지식으로서의 신학으로 바뀌어 버린 것입니다.

칼빈주의와 현대주의 사이에 가장 근본적인 차이점들에 주의를 환기시킨 다음에, 이제 우리는 그 안에서 그들이 구별되는 일부 상세한 특이점들을 고려해 볼 것입니다.

◇ 현대주의의 하나님에 관한 개념과 하나님의 세상을 향한 관계

[먼저] 세 가지 사항들, 즉 하나님에 대한 사상, 세상을 향한 그분의 관계 그리고 세상에서 일하시는 그분의 방법 등에 대해 특별히 고려해볼 만한 가치가 있습니다.

A. '주권' 혹은 '사랑'

칼빈주의의 전형은 하나님께서 왕좌에 앉아 계시고, 인간은 티끌 속에서 그 분 앞에 겸손히 무릎을 꿇는 것이라 할 수 있습니다. 그것은 하나님의 위대하심과 절대적인 주권을 강조하고, 그분의 주권적

의지를 존재하는 모든 것들에 있어서의 유효적인 원인으로 간주합니다. 세상은 그분의 명령에 의해 존재하게 되었습니다. 그 분께서는 창조된 모든 것들의 법칙과 자연의 모든 힘의 법칙을 세우셨고, 그들의 모든 활동을 지배하십니다. 하나님께서는 그가 지으신 모든 이성적 피조물들의 운명을 결정하셨고, 그분의 도덕법에 의해 그들의 삶을 규제하십니다. 그 분께서는 선한 자에게 보상하시고, 악한 자를 벌하십니다. 그분께서는 인간을 그분의 형상을 가진 자로서 사랑하시며, 심지어 그분께 불순종하는 자들에게까지도 여러 방식으로 값없는 자비를 베푸십니다. 그분과의 친교 안에 있는 영광과 생명은 인간의 가장 중요한 목적이 됩니다. 그분께서는 모든 것들을 그 자신을 위하여 지으시되, 심지어 악한 날을 위해 예비 된 사악한 자들까지도 그분께서 지으신 것입니다. 그러므로 칼빈주의자들은 시인의 이러한 말에서 기쁨을 느낍니다.

"하나님께서는 영원히 왕이시네. 나라들아 두려워 떨지어다.
그분께서는 모든 그룹들 위 왕좌에 계신다네. 모든 땅들이 그분을 경배하네.
그분께서는 시온에 계신 위대하신 분이시며, 모든 민족들 위에 높이 계신 분이시라네.
그분을 두려움으로 송축하라. 거룩하신 이는 주님이시니."

현대주의자들 가운데, 하나님의 사랑에 대한 찬양은 두루 노래되지만, 하나님의 주권에 관해서는 전적으로 침묵하는 것이 일반적으로 만연해 있습니다. 하나님의 주권이 전적으로 부정되지는 않는다 하더라도, 그것은 확실히 약화되어있고, 그 어조가 심히 억제되어있습니다. 현대주의자가 하나님의 주권을 믿는 신앙을 표현할 때, 그는 일반적으로 이러한 주권이 신적인 부성애에 비추어 해석되어야 한다는 점을 서둘러 덧붙입니다. 하나님께서는 집안의 아버지 같은 주권자이신데, 그분께서는 자식들에게서 많은 것들을 기꺼이 용인하실 의향이 있으십니다. [그러므로] 신적인 의지는 단순히 사람에 대한 하나님의 부성애적 사랑의 표현에 불과하다는 것입니다. 그들은 모두 하나님의 사랑하시는 자녀들인데, 하나님께서는 그들을 그의 부성애로 넘치는 가슴에 꼭 껴안으시기를 원하십니다. 그들의 죄는 그들을 하나님의 진노의 대상으로 만들지를 않습니다. 하나님께서는 그들을 진정 벌하지 않으시고, 그들을 집으로 데려오시기 위해 단지 책망하실 뿐입니다. [따라서] 그들의 죄를 위해 어떤 속죄도 필요치 않습니다. 그들이 단지 회개하고 그들의 아들 됨을 인식하기만 한다면, 하나님께서는 탕자의 비유에 나오는 아버지처럼 두 팔을 벌려서 그들을 받아들이실 겁니다. 하나님께서는 복된 자신과의 친교로 그분의 사랑의 대상 모두를 이끄시기까지 쉬지 않으실 것입니다. 바로 이와 같은 방식으로 현대주의자들은 항상 하나님의 사랑의 기치를 높이 들어 왔습니다.

B. '초월'과 '내재'

　또 다른 논점으로 넘어가면서, 우리는, 칼빈주의가 하나님의 초월성을 강조한다는 사실, 즉 하나님께서 하늘과 땅에 그분께서 지으신 모든 피조물들 위에서 경배를 받으셔야 한다는 사실을 강조하고 싶어집니다. 아울러 칼빈주의는 피조물의 모든 영역에 거하시되, 그분의 권능에 의해 자연의 모든 능력들을 제어하시고, 이성적 피조물들 가운데 그분의 자애로우심을 베푸시며, 보상과 형벌 안에서 그분의 의를 계시하시며, 모든 것들을 그들의 마지막까지 작정으로 이끄심을 인정합니다. "오, 당신이 무릎 꿇고 '당신의 뜻이 이루어지이다'라고 기도 드리는 고귀하고 거룩하시며 유일하신 그분은 어디 계신가?"라는 질문에 대해 대답할 때에, 칼빈주의자는 다음과 같은 답변에 동참할 것입니다.

"위에 계신 주[군주]를 응시하라.
빤짝이는 별들이 경배하네.
누가 천체들이 그렇게 운행하도록 가르쳤을까?
누가 꺼지지 않는 불을 밝혔을까?
누가 달이 운동하도록 인도하고 있는 걸까?
온 하늘에 걸쳐 침묵 속에서 누가?"

누가 새벽마다 동이 트도록 명령하실까?

강렬한 힘과 아름다움으로 누가?
광대함이 보이는 거기에!
보라! 거기에 나의 하나님께서 거하신다!
태양, 달, 별들이,
그분의 위엄을 선포하네!

동시에 하나님께서는, 창조자로부터 피조물을 분리시키는 장엄한 심연이 존재한다는 사실을 중시하십니다. 그 심연은 어떤 사람도 메울 수 없는 그런 심연입니다. 그리고 수많은 세기가 흘러도 그 심연함을 결코 줄일 수 없는 그런 심연입니다. 더구나 아무리 고귀한 존재라도, 피조물은 결코 창조자의 위치에 결코 오를 수 없습니다. 그분의 위대하심은 우리의 이해를 훨씬 능가합니다.

"거룩하시고 무한하시네! 측량할 수 없고, 영원하시네!
아무도 감당할 수 없는 영광에 둘려 계시네!
당신의 영묘하심을 아무도 헤아릴 수 없나이다!
하늘의 하늘도 담을 수 없네!"
"거룩하시고 무한하시네! 한이 없으시고, 경계가 없으시네!
당신의 모든 완전하심과 능력 그리고 찬송 받으시기 합당하심!
심연의 바다! 외경스럽고 소리 없는,
당신의 모든 측량할 수 없는 판단과 길들!"

[이] 얼마나 현대주의의 개념과 다른가! 전체적으로 그들[현대주의자들]의 것은, 하나님께서 그의 모든 피조물보다 높이 찬송을 받으신다는 생각을 피하며, 세계 안에 내재하시는 하나님을 강조하기를 선호합니다. 어떤 현대주의자들이 하나님의 초월성에 대해 말하는 것도 사실이지만, 그들은 칼빈주의자들처럼 이것을 인식하지 않습니다. 칼빈주의자들에게 있어서 초월성이란, 인격적인 영으로서, 인간 경험의 세계에 거하시는 하나님께서, 동시에 경험의 세계로부터 그리고 경험 세계를 너머 구별되신다는 것을 의미합니다. 그러나 사회 신학자들social theologians과 같은 가장 절대적인 현대주의자들은 하나님의 초월성을 전적으로 부정합니다. 현대주의자들 사이에서는 하나님을 우주의 정신the soul of universal, 세계 과정the world process, 사회 의식the social consciousness, 인류의 보편 의지the universal will of humanity 혹은 진화하는 인격the personality evolving 그리고 우주 환경에 개인적으로 반응하는 요소들personally responsive elements of our cosmic environment로 이야기하는 것이 매우 일반적입니다. 그들이 그 앞에 머리를 조아리는 하나님께서는, 그러한 하나님으로 취급되는 것입니다. 그들은 실제로 하나님과 세계를 동일시하거나, 하나님과 인류를 동일시합니다. 그들 중 많은 이들이 하나님의 인격성을 절대적으로 부정하여, 그 용어가 타당한 의미에서 종교는 불가능하게 되고, 기도는 단지 혼잣말을 중얼거리는 것이 되고 맙니다. 그들의 관점에서 하나님을 그들의 하늘에 계신 아버지로 이야기하는 것은 참으로 귀에 거슬리는 소리인 것입니다.

C. '자연성'과 '초자연성'

또 다른 한 논점이 여기서 여전히 고려될 만합니다. 그것은 자연성과 초자연성the natural and supernatural에 대한 개념입니다. 칼빈주의자는 질서의 하나님을 믿습니다. 그분께서는 자연에 특정한 질서를 세우셨고, 사물들에 관한 섭리적 질서 안에서 확정된 법을 따라 그리고 일반적으로 '제2 원인'Second cause들을 통해 일하십니다. 칼빈주의자는 그를 사방으로 둘러싼 자연에서 이것의 증거를 봅니다. 엄청난 질서를 내포한 태양 주위를 도는 행성들이 그렇고, 각 계절들도 정해진 질서를 따라 나타납니다. 증기가 일어나 응축되어 비가 내리고, 물은 바다로 급히 흘러듭니다. 그리고는 다시 한 번 증기로 증발되고 순환을 반복합니다. 사과는 나무에서 분리되어, 땅에 떨어지고, 심겨진 도토리는 견고한 참나무로 자라납니다.

그러나 (이 점이 제가 강조하고자 하는 점인데) 칼빈주의자는 또한 자연법칙의 혼란 없이 다른 방식으로 역사하실 수 있고 때때로 그렇게 하시는 하나님을 믿습니다. 하나님께서는 자신이 세우신 질서에 전적으로 구속되지 않으십니다. 그분께서는 때때로 그분의 명령 하에서 비상적인 방식을 사용하시거나 제2 원인을 통하지 않고서 일하실 때도 있으십니다. 간단히 말하자면, 그분께서는 자연과 영적인 영역에서 기적을 베푸시는 하나님이십니다. 그분의 지시에 따라 바닷물이 갈라졌고, 만나가 하늘에서 비처럼 내렸으며, 기름이 줄지 않게 하셨으며,

도끼머리가 떠오르게 하셨습니다. 기적이 시작되는 곳에서는 인간의 설명이 중단됩니다. 그리고 영적인 영역에서 '거듭남', '회심' 그리고 '성화'는 신적 은혜에 속한 기적들이니, 이러한 것들은 하나님의 초자연적인 사역을 떠나서 설명될 수 없습니다. 이러한 하나님의 기적적인 역사들을 바라보면서, 그리스도인들은 하나님을 경탄하게 되고 흠모하게 되는 것입니다.

현대주의자들은 일반적으로 하나님께서 항상 자연의 법칙을 따라 일하시며 결코 자연의 통상적인 과정을 벗어나지 않으신다고 주장합니다. 그분께서는 완전히 자연적인 방식, 곧 제2 원인으로 그분의 목적들을 성취하십니다. 자연법칙이라는 철통같은 체계가 존재하는데, 그것은 어떤 변동도 허락하지 않습니다. 그리고 하나님 자신은 절대적으로 이러한 법칙에 구속되어 계십니다. 그분께서는 마치 새장에 갇힌 새 만큼이나 무력합니다. 현대주의자가 하나님과 세상을 동일시하는 한, 그들은 진정 자연적인 것과 초자연적인 것 사이의 차이를 제거하며, 모든 자연적인 것들이 하나님의 직접적인 사역과 같이 초자연적이며 모든 초자연적인 것들이 또한 자연적이라고 주장합니다. 물론 이 모든 것들은 자연의 영역뿐만 아니라 영적인 영역에서의 모든 기적들을 부정하는 것과 연관됩니다. 현대주의자들은 그러한 견해를 취합니다. 왜냐하면 그들은 (그들이 원하는 대로) 그것을 과학적인 것으로 간주하지만, 오늘날 많은 저명한 과학자들이 현대주의자들이 말하는 것보다 훨씬 더 큰 신중함을 가지고 기적의 가능성에 대해 언급하는 것을 자주 망각합니다. 몇몇 사람들은 이것을 인식하고 있습니다.

여기서 자연스럽게 의문이 제기됩니다. "그들은 성경의 기적을 어떻게 다룰까요?" 이 질문에 대한 답으로, 우선 그들은 성경에 반대하는 아주 자유로운 태도를 취하며, 소위 기적이라 불리는 것에 대한 설명들을 실제적인 사건의 신뢰할 만한 기록으로 받아들일 의무가 전혀 없다고 느낀다는 사실을 언급해야만 합니다. 그들은 가능한 한 기적을 자연적인 방식으로 설명하려 듭니다. [이에 따라] 치유의 기적들은 도덕적 치료, 충고의 힘, 최면술에 의해 야기되었다는 것으로 제시됩니다. 예수님께서 갈릴리 가나에서 물을 포도주로 바꾸셨을 때에도, 포도즙은 항상 포도주로 발효되기 때문에, 그분께서 단지 그러한 자연적인 과정을 다소 가속화시키셨을 뿐이라는 것입니다. 제자들은 주께서 물 위를 걸어오신 것으로 보았지만, 이것 역시 착시 현상 때문이었습니다. 폭풍 속에서 그들은 열심히 노를 저으면서 이미 육지로부터 멀리 떨어졌다고 생각했지만, 그들은 여전히 육지에 가까이 있었다는 것입니다. 예수님께서는 해안을 따라 걷고 계셨[으므로 물 위를 걸으신 것 같았]지만, 베드로는 [그냥] 물에 뛰어 내렸습니다. 그리고 그는 물에 빠졌습니다. 죽음에서 일어난 자들은 진짜 죽은 것이 아니라 단지 기절했거나 혼수상태에 빠졌던 것이고, 그래서 다시 나타났던 것입니다. 예수님께서는 진정 죽은 자들로부터 부활하신 것이 아니며, 제자들은 실제의 삶에서 [부활하신] 주님을 보지 못했고, 단지 주관적 혹은 객관적 환영으로 보았던 것입니다. 만약 그러한 자연적 설명들이 실패한다면, 현대주의자들은 기적적인 사건들과 관련된 이야기들을 단순히 작가들의 그럴듯한 상상력에 돌리는데, 그들[제자들]은 예수님의 생애의 멋진 사건들을 신비적인 분위기 속에서 돌이켜 보고, 그것들을 미화시켰다는 것입니다.

소위 영적인 기적들이라는 것도 심리학적으로 설명됩니다. 그것들은 완전히 자연적인 현상, 즉 일반적으로 널리 퍼진 직관과 자극의 결과로 간주됩니다. 중생과 회심에 대하여서도 초자연적인 성격은 없습니다. 이러한 주제들은 영적인 영역에 제한되지 않고, 자연적인 삶 속에서 발생합니다. 많은 경우에 그들은 이상 심리학abnormal[social] psychology에서 그 설명을 찾습니다. 그것들은 단지 인격의 변화일 뿐인데, 그러한 변화들은 특별히 사춘기나 청소년기를 즈음하여서 발생합니다. 그 시기에 인간은 영적인 현실들과의 접촉과 새로운 영적 능력, 다양한 방향으로 일을 수행함과 더욱 큰 삶의 통합을 의식하게 됩니다. 인간의 도덕적 성품이 변화하여, 우주적인 도덕의식과 더욱 조화된 상태에서 그 자신을 느낄 때, 이를 가리켜서 인간이 거듭났다고 하는 것이라 말합니다.

◇ 인간의 구속에 대한 현대주의자들의 개념

하나님과 세계를 향한 그분의 관계에 관하여 칼빈주의자와 현대주의자들의 각각의 견해를 살펴본 후에, 우리는 이제 하나님의 구속적인 사역에 관한 그들의 생각에 대해 간략히 개관하려고 합니다.

A. 인간이 그로부터 구속되어야 하는 조건

지금 여기 계시는 분들[칼빈주의자들]과 같은 청중들에게 말할 때, 인간이 그것으로부터 구원을 받아야 하는 조건에 관해서는 많이 말할 필요가 없을 것입니다. 칼빈주의자는 인간을 타락한 피조물로 간주하는데, 이들은 신적 이상에 부응할 수 없습니다. 그러므로 인간은 이제 본성적으로 비정상적이며 무능하다고 여겨집니다. 성경은 명백히 하나님께서 인간을 그의 형상을 따라 지으시고, 진정한 지식, 의 그리고 거룩을 부여하셨다고 가르칩니다. 그리고 하나님께서 인간을 생각하실 때, 인간을 심히 좋게very good 여기셨습니다. 그러나 인간은 불순종을 통해서 그의 고귀한 상태로부터 타락했고, 이제 죄책을 짊어졌으며 전적으로 타락하여 하나님의 의로운 진노의 대상이 되었습니다. 인간은 이제 본질상 정죄의 선고 아래 놓여있고, 절대적으로 악의 권세로부터 자신을 구원할 수 없습니다. 의로우신 분노 가운데 하나님께서는 당장에 인간을 멸하실 수 있으시지만, 은혜와 자비 가운데서 죄인들을 위한 구속의 길을 여셨습니다. 그 길은 죄와 사망의 권세로부터 벗어나는 참으로 영광스러운 길입니다.

하지만 현대주의자들은 인간의 현 상태를 전혀 다른 방식으로 생각합니다. 현대주의자들은 진화론자이므로, 인간이 완전히 자연적인 과정에 의해 비도덕적인 존재에서 도덕적인 존재로 진화했다고 믿습니다. 인간의 직접적인 조상은 유인원anthropoid ape이었습니다. 자바원인Java man, 하이델베르크인Heidelberg man, 필트다운인Piltdown man 그리고 네안데르탈인Neanderthal man과 같은 원시인들은 [진화단계에 있어서] 동물들과 단지 약간 떨어져 있을 뿐입니다. 인간은 그의 진화 도상의 초기에 있어서 가장 낮은 상태에 있었기 때문에, 도덕적인 존재로 간주될 수조차 없었고, 종교적인 존재로는 더욱 간주될 수 없었습니다. 그러나 인간은 그 이후로 계속 진화하여 더욱 높은 수준의 존재로 진화했습니다. 그러는 동안에 인간은 도덕적이고 종교적인 존재로 진화되었습니다. 인간의 상향 진화 과정에서 발전을 지연시키는 실수들이 있었을지 모르지만, 하나님 말씀의 성경적인 의미에서의 타락은 없었습니다.

현대주의자가 그것을 세상에서 그렇게 부르기를 선호하듯이, 상당한 죄 혹은 도덕적인 악이 존재한다는 사실이 인정되지만, 이것은 단지 인간이 그들 안에 존재하는 동물적 요소들을 충분히 정복하지 못했다는 것을 입증할 뿐입니다. 이것은 인간이 동물로부터 죄를 물려받았다는 의미가 아닙니다. 왜냐하면 동물들은 죄가 없기 때문입니다. 테넌트Tennant에 따르면, 인간은 동물들로부터 단지 죄의 질료로 불릴 만한 것을 취했습니다. 그러나 이것은 인간 안에서 도덕적 의식이 진보하여, 그가 선과 악을 구별하지만 양심의 소리에 반하는 태도를 계속 취할 때만 죄가 됩니다. 이러한 악은 죄책을 조성하지 못하고, 어떤 적극적인 세력a positive power으로 불릴 수 없습니다. 그것은 단지 소극적인 어떤 것something negative일 뿐입니다. 그것은 인간 안에 있는 어떤 연약함이라 할 수 있는데, 그 연약함은 인간이 아직 이상적인 상태에 도달하지 못했다는 것을 가리키지만, 그의 더 높은 본성에 고무되어 인간은 점진적으로 그 연역함을 극복할 것입니다.

인간이 본질적으로 선하며, 하나님에 의해 죄가 있다고 여겨지지 않고, 어떤 의미에서도 결코 하나님의 진노의 대상이 아니라는 견해는 항상 현대주의자들 사이에 큰 인기를 누려왔습니다. 최근 몇 년 동안 그들 중 많은 사람들이 이 점에 있어서 그들의 입장을 바꾸었습니다. 그들은 지금까지 인류에게 강요된 가장 해로운 거짓말로서 인간의 성선설the theory that human nature is fundamentally good에 관한 루소Jean Jacques Rousseau. 1712-1778의 교리를 말해 왔습니다. [그러나] 그것의 가장 두드러진 선도자들 중 몇몇 사람들은 사랑만의 하나님으로서의 하나님에 대한 편파적인 개념에 반대하여 그들의 추종자들을 경고하면서, 그들에게 하나님의 진노를 충분히 고려할 필요가 있다고 강조했습니다. 그들은 죄를 더욱 심각하게 취급하고, 오늘날 죄악들에 반대하는 적극적인 입장을 취할 필요를 지적했습니다.

B. 인간 구속의 방법

칼빈주의자는 하나님께서 죄에 대한 충족을 요구하시며, 인간은 속죄함이 없이는 구원받을 수 없다는 사실을 가정하고서 [인간의 구속의 방법에 관하여] 진행합니다. 칼빈주의자는 인간이 심각한 부패 때문에 하나님께 그 스스로는 만족하게 해드릴 수가 없으므로, 하나님께서 친히 세상에 그의 독생자를 보내심으로 이러한 속죄를 준비하셨다는 사실을 압니다. 그리스도께서 최후의 모든 사람들이 아니라, 성부께서 그에게 주신 사람들과 하나님께서 구속의 경륜 안에서 보증이 되신 사람들만을 위하여 고통을 당하시고 죽으셨다는 것이 칼빈주의자의 확신입니다. 그래서 생명의 길이 죄인에게 열렸고, 이제 인간은 그리스도를 믿는 살아있는 신앙에 의해서만! 그분의 의에 대한 신실한 의지에 의해! 그리스도에 의해 역사하는 구속의 참여자가 됩니다. 그 의에 토대에 근거하여 인간은 의롭게 여김을 받고, 하나님의 자녀로 입양되어서, 영생을 포함하여 구원에 속한 모든 복들의 상속자가 됩니다. 그러한 입양[혹은 양자]adoption덕분에, 인간은 생명을 주시는 하나님의 성령을 받게 되고, 그러한 성령께서 그를 거듭나게 하시고 성화시키시어, 인간은 예수 그리스도 안에서 새로운 피조물이 되고 새 창조를 경험하게 됩니다. 그래서 인간은 은혜로 구원을 받는 것입니다. 오직 은혜로서 말입니다. 비록 인간은 선행에 힘쓸 의무 아래에 있지만, 그러한 행위들은 [결코] 공로적meritorious이지 않으며, 영생의 권리를 부여하지도 않고, 장래의 지복에 어느 정도로 영향을 미칠 뿐입니다. 하나님께서는 그분의 모든 자녀들을 끝없는 천상적 생명[즉 영생]의 참여자가 되게 하실 겁니다. 그러나 하나님께서는 그와 더불어 그들이 행한 선행들에 상응하는 은혜로운 보상gracious reward 을 베푸실 것입니다.

이 지점에서 다시 현대주의자들은 우리에게 전혀 다른 그림을 제공합니다. 왜냐하면 하나님께서 죄를 죄책guilt으로 여기지 않으시기 때문에, 아무런 충족도 요구하지 않으신다는 것입니다. [그들에 따르면] 인간은 과거에 저지른 죄에 대하여 보상해야 할 어떤 의무도 없습니다. 만일 그의 삶에서 있을 수 있는 어떤 악이든지 뉘우치고, 그의 숭고한 본성에 의해 그의 저급한 성향을 억제하려고 하기만 한다면, 하나님께서는 과거[과거의 죄들]를 간과하시고, 잘못을 저지른 자녀들을 그의 가슴에 품으실 준비가 되어있으시고, 또 그렇게 하시기를 몹시 원하십니다. 사실 하나님께서는 죄인을 향해 실제로 진노하시지 않으시고, 아버지 집으로 돌아오길 염원하실 뿐입니다.

이 모든 사실을 고려할 때, 그리스도께서 죄를 속죄하기 위해 세상에 오셨다고 가정하는 것은 매우 터무니없는 일로 여겨집니다. 그리스도께서는 죄인들의 속전을 위해 고난당하시고 죽으시지 않으셨습니다. 그 모든 법정적 아이디어는 불법적 거래일뿐입니다. 즉 지난 세기의 잘못된 신학에서 파생된 단순한 허구일 뿐이라는 것이지요. 하지만, 이것은 어떤 의미에서 보면, 그리스도께서 인간을 구속하신다는 의미가 아니라는 말로 들립니다. 그리스도께서는 하나님 사랑의 가장 높은 계시로 오셨습니다. 즉 그분은 죄인의 마음에 응답하는 사랑을 일깨워서 그들을 하나님께로 돌이키려고 훌륭하게 의도된 계시이십니다. 더욱이 그리스도께서는 다만 사람일 뿐이지만, 그럼에도 불구하고 이상적인 사람, 위대한 스승 그리고 고귀한 모범으로서 언제나 도움을 베푸십니다. 그분께서는 인간에게 영감을 주시어서, 인간이 높은 곳에 이르도록 손짓하십니다. 인간은 죄책을 진 죄인이 아니기에, 하나님의 무죄 선고를 받고자 염려할 필요가 없습니다. 그러므로 '칭의'Justification에 대한 생각은 현대주의 신학에서는 매우 낯선 것입니다. 인간은 도덕적 향상을 필요로 하는데, 그리스도께서 도움이 되실 수 있는 것은 바로 이 지점에서입니다. 그리스도께서는 도움받기 위해 그분을 바라보는 사람들에게, 그분의 죄 없으신 삶에 의해 본이 되십니다. 그분의 고귀한 모범은 죄인들에게 영감을 줍니다. 이러한 죄인들은 근본적으로 신적인 것을 소유하기 때문에, 그들은 그들 자신의 본유적인 능력Intrinsic ability에 의해 그리스도께서 인도하시는 곳으로 따라 갈 수 있으며, 진정 그리스도를 닮은 삶에 이를 수 있습니다. 하지만 그리스도께서는 더 높은 영역에 오르려 노력하는 그들을 도울 수 있는 유일한 원인이 아닙니다. 과학과 예술 그리고 문학 안에서 선하고 진실한 모든 것들이 그들을 더 높은 영적 수준으로 끌어 올리며, 그들 안에 있는 신적인 요소를 끌어내는 데 도움을 줄 수 있습니다.

C. 인간의 구속의 목적

마지막으로, 칼빈주의자들은 미래에 대한 확신에 대하여 말합니다. 칼빈주의자는 예수 그리스도를 믿는 모든 사람들을 위해 예비 된 영광스러운 생명에 관하여 성경에 계시된 모든 것들을 믿는 마음으로 받아들일 준비가 되어있습니다. 이 현생의 고난 속에서 칼빈주의자는 영생의 소망 안에 즐거워할 수 있습니다. 그는 종종 승리의 노래로서 이생에서 다음 생으로 옮겨가곤 합니다. 왜냐하면 그는 영적 생명의 완전한 진보와 복되고 영광스러운 절정을 기대하기 때문입니다. 그는 지금 현재의 영적 생명의 첫 열매를 누리고 있으며, 영적 생명의 영광스러운 완성이 하나님 안에 계신 그리스도와 함께 감추어져 있기 때문입니다.

현대주의자들은 내세에 속한 것으로서의 이 모든 것들을 조롱하며, 이러한 소망이 경건한 소망에 지나지 않는 순전히 가공적인 것일 수 있다고 종종 생각합니다. 그들은 미래에 대한 지식을 위해 과학과 철학에 의존하지만, 양자 모두 미래 삶의 성격에 관하여 그를 불확실성에 몰아넣습니다. 만일 그러한 삶이 존재한다면, 과학적 지식은 실험적으로 분명히 증명하였을 것입니다. 그러나 어느 누구도 미래 세계에 대한 실재를 그렇게 증명할 수 없습니다. 그리고 철학은 미래 세계를 순전히 사색적인 방식으로 이야기할 수 있을 뿐입니다. 그것의 영향력 아래, 어떤 현대주의자는 영혼 불멸에 대해 다소 모호한 고백을 합니다. 반면 다른 이들은 종족의 불멸 혹은 영향력의 불멸 정도로서의 불멸을 믿습니다. 그들은 정통 설교자들이 존재하지도 않는 천상의 은행에서 발행한, 결코 현금화할 수 없는 수표[부도수표]를 나누어

준다고 비난합니다. 그러나 많은 현대주의자들이 미래의 불멸에 관해 다양한 차이를 보일지라도, 그들은 모두 죽은 자들의 부활을 믿는 것을 거부합니다. 왜냐하면 이것은 과학적으로 상상할 수 없는 일이기 때문입니다. 한 죄인이 [있다고 하더라도] 임종의 자리에서 위안을 위해 현대주의자를 의존할 필요가 없습니다. 왜냐하면 현대주의자가 위안을 위해 그에게 제공할 것이 아무 것도 없기 때문입니다. 생명은 불확실성과 암울함 속에서 끝나버립니다. [그러므로] 우리[칼빈주의자들]가 누릴 수 있는, 그리고 말씀 안에 있는 복된 표현에서 발견하게 되는 위안에 대해 하나님께 감사합시다!

"마침내 당신의 의 가운데서
제가 당신의 영광스러운 얼굴을 뵈올 때,
모든 고단한 밤이 지나갈 때,
그리고 그곳에 거하는 영광을 보기 위해
제가 당신과 함께 깨어날 때,
그 때, 저는 만족할 것입니다!"

Part 3

———

종교적 세계의
혼란 속에서의 굳건함

종교는 항상 세상에서 가장 안정되고 확실한 영향력을 이어왔습니다. 이것은 과장이 아닙니다. 역사는 인류의 삶에 있어서의 사회 구조의 온당한 균형에 그처럼 크게 기여한 요소가 없다는 주장을 보증합니다. 영국의 정치가 버크Edmond Bruke, 1729-1797는 "참된 종교는 사회의 기초인데, 그 기초에 근간하여 모든 건전한 통치가 존재하며, 종교로부터의 권세가 그것의 권위를, 법이 그 효력을, 그리고 그 양자 모두가 비준을 얻어냅니다. 만일에 종교가 한 번 무시를 당해 흔들리게 되면, 모든 [사회]구조들이 안정될 수 없거나 지속 될 수 없습니다."라고 말하여 이를 입증했습니다.

만일 하나님께서 자애로우심으로 악을 억제하시고 신앙을 어느 정도로 유지하지 않으셨다면, 세상은 오래 전부터 죄의 파행으로 이끌려 들어간 후의 혼돈에 빠져들었을 것입니다. 만일 하나님께서 기독교 신앙을 베풀어 주시지 않으셨다면, 옛 질서가 급속히 붕괴되고 있었을 때, 세계 각국은 이 세상에서 그들의 입지를 여전히 유지하게 하는 안정을 누릴 수 없었을 것입니다. 그리고 러시아[소련]와 몇몇 위성 국가들이 지금 하고 있는 것처럼 기독교 신앙을 업신여기는 국가들은, 그들의 사악한 길을 회개하지 않는다면, 로마 제국에게 수치스러운 종말을 가져왔었던 몰락의 영향력에 반드시 먹이가 되고 말 것입니다.

또한 세계와 국가들의 존폐에 있어서와 같은 일들은 개인의 삶에 있어서도 존재합니다. 죄의 불온한 영향력에 휩싸인 가운데서도, 영혼에 평안과 평온을 가져오도록 하는 것이 바로 종교[신앙]인 것입니다. 다윗이 죄를 범했을 때, 그의 영혼은 몹시 동요했었습니다. 그러나 그가 진정한 회개와 믿음으로 하나님께로 돌이켰을 때, 자신 안에서 흔들리지 않는 영혼의 새롭게 됨을 발견할 수 있었습니다. 이는 아삽의 경우 또한 마찬가지입니다. 아삽이 악인의 형통을 보고서, 자신을 짓누르는 하나님의 손길을 느꼈을 때, 그는 마음이 혼란스러웠습니다. 그러나 성전에 들어갔을 때, 멸망에 떨어지는 미끄러운 곳에 불경한자들이 서 있음을 깨닫게 되었습니다. 반면 아삽은 그의 심령의 힘이 되시고 기업이 되시는 하나님을 뚜렷하게 자각할 수가 있었습니다. 하박국이 갈대아인들의 성공을 인식하고 그들의 권세를 두려워할 때, 그의 영혼은 당혹스러워하며 "하나님 어찌하여 반역하는 그들을 방관하시며, 악한 자들이 그보다 더욱 의로운 자들을 삼킬 때, 그들의 평화를 지켜주시는 것입니까?" 하고 부르짖었습니다. 그러나 하나님의 깊으신 뜻을 깨닫고 나서, 하박국은 안정된 확신의 정점에 도달하여, 그에 대한 표현을 다음과 같은 숭고한 말로 표현했습니다. "비록 무화과나무가 무성하지 못하며 포도나무에 열매가 없으며 감람나무에 소출이 없으며 밭에 먹을 것이 없으며 우리에 양이 없으며 외양간에 소가 없을지라도, 나는 여호와로 말미암아 즐거워하며 나의 구원의 하나님으로 말미암아 기뻐하리로다."[합 3:17-18] 뿐만 아니라 바울은 불안케 하는 염려를 물리치고, 그들의 필요한 것들이 하나님께 알려지도록 빌립보 성도들을 강권하여, 그들이 확신에 이르도록 했습니다. "그리하면 모든 지각에 뛰어난 하나님의 평강이 그리스도 예수 안에서 너희 마음과 생각을 지키시리라."[빌 4:7] 그리고 위대한 초대 교부 중 한 분인 어거스틴(Augustine)은 죄악 되고 수치스러운 삶에서 빠져나온 이후에, 이러한 말을 남겼습니다. "하나님! 당신께서는 당신을 위해 우리를 지으셨습니다. 그리하여 우리의 마음은 당신을 믿기 전까지 아무런 쉼이 없습니다."

종교가 안정시키는 힘과 같은 것이 되어야 한다는 주장은 정확하게 당연한 것입니다. 삶과 세계의 모든 변화 가운데서 하나님만이 홀로 변하지 않으시는 유일하신 분이라는 사실을 기억합시다. 하나님께서는 말라기를 통해 이렇게 말씀하셨습니다. "나 여호와는 변하지 아니하나니 그러므로 야곱의 자손들아 너희가 소멸되지 아니하느니라."[말 3:6]

야고보 사도는 하나님을 "변함이 없으시고, 회전하는 그림자도 없으신 빛들의 아버지"라고 말했습니다. 하나님께서는 어제나 오늘이나 영원토록 항상 동일하신 분이십니다. 그리고 그분께서는 완전하신 손으로 개인과 민족의 운명을 다스리십니다. 그리고 인간을 하나님과 만나게 하며, 인간으로 하여금 하나님의 능력에 참여하게 하며, 인간으로 하나님의 안전하고 신뢰할만한 변함없는 인도하심에 기꺼이 복종하게 만드는 것이 바로 종교입니다. 그러한 종교 안에서 인간은 그의 영혼의 닻을 내면의 지성소에 내리는데, 그곳에서 종교는 유지되는 것입니다.

그러나 인생에 있어서 종교가 가장 견고한 영향력이라는 이유로, 종교적인 세계 안에 초래되는 혼란은 가장 궁극적이면서도 상상할 수 있는 한 가장 당혹스러운 혼란입니다. 그것은 인생이라는 바다를 철두철미하게 곤혹스럽게 만드는 것이어서, 산더미 같은 의심의 파도를 일으키는 것을 의미합니다. 그것은, 세계관과 인생관에 있어서 그 기초가 흔들리고 있으며, 전체 구조가 위험에 처해 있다는 것을 의미합니다. 그래서 시편 기자의 이러한 질문은 당연히 제기될 수밖에 없습니다. "만일 기초가 무너졌다면, 의인들은 무엇을 할 수 있을는지?" [시 102:25절 등] 그러한 경험은 사람들의 마음을 지진을 겪으며 사는 사람들과 비슷한 상태로 만듭니다. 즉, 이러한 경험을 한 사람들은 무력감, 의지할 모든 것을 잃은 상실감 그리고 피할 수 없는 황폐한 감정을 느끼게 됩니다.

아마도 어떤 사람들은, 종교적인 세계에 진정 혼란이 존재할 수 있는가 하고 질문할지 모르겠습니다. 그러나 이런 질문은 그들이 살고 있는 세상에 문외한인 사람들에 의해서만 몹시 진지하게 질문해야 할 것으로 보일 것입니다.

우리 모두 한 번 종교적인 혼란의 어떤 증거에 주의를 환기시켜 봅시다. 스코필드C. I. Scofield, 1843-1921는 창세기 11장에 대한 주석의 한 부분에서 언어의 혼란으로 끝나버리는 초기 인류 역사에 있어서의 놀라운 한 병행[유사성]을, 개신교 안에서 수많은 이단들로서 일어난 거짓 교회professing church의 역사 안에서 발견합니다. 특별히 이단들이 우후죽순으로 갑자기 나타난 미국에서, 빠르게 늘어난 이단들은 참으로 통탄스럽고, 종종 종교적인 세계 안에 존재하는 혼란의 증거를 그대로 드러내 보이기도 합니다. 찰스 W. 퍼거슨Charles W. Ferguson, 1901-1987은 미국에서 눈에 띄는 어떤 이단들에 관한 저술에 "언어의 혼란"Confusion of Tongues이라는 제목을 붙여서, 이와 같은 일들을 몹시도 분명하게 느끼게 했습니다. 더욱이 그는 이후로, 미국인의 진정한 종교는 역사적인 교회the historic Churches에서보다는 이단 교회들 안에서 볼 수 있다고 말했습니다. 그는 1927년 11월 20일자 『뉴욕 선』 New York Sun 이 맨해튼의 한 자치구에 140여 가지 이상의 종교적 예식들이 존재함을 발표했으며, 이 가운데 절반은 어떤 형태의 정통 기독교와도 관련이 없으며, 오히려 사이비 종교와 관계되어 있음을 밝혔습니다. 더욱이 그는 이 점에 있어서 뉴욕도 예외일 수 없다고 말합니다. 왜냐하면 자신의 저서인 『종교적 사교 집단과 그 운동』Modern Religious Cults and Movements에서 가이우스 그렌 아트킨스Gaius Glenn Atkins는 디트로이트에서 행해지는 종교 활동들을 나열하는데, "그것은 뉴욕에 사는 사람들을 옛 종교인들처럼 보이게 만든다."고 했습니다.

이상하게 보일 수도 있지만, 현 세기의 큰 특징인 교회 연합 운동

대한 광범위한 동요가 그러한 혼란의 증거를 보여주기도 합니다. 이 운동의 많은 연구 문헌들이 교회 연합church union과 교회 통일성church unity 사이의 차이점을 구별하는데 실패하고 있는데, 이 둘은 명백히 다른 것입니다. 예컨대 교회 통일성은 내적internal인 성격을 갖지만 교회 연합은 외적인external 성격을 갖습니다. 그러므로 전자는 영적이고 유기적인 성장의 결과이고, 후자는 대부분 인간들의 조직 활동의 산물입니다. 그런데 성경은 항상 교회의 통일성을 강조하지만, 교회 연합에 대하여는 거의 말이 없습니다. 교회 연합 운동 지지자들이 종종 그렇듯이, 마치 교회 연합 운동에 의해 교회의 통일성이 실현될 수 있는 것처럼 말할 때, 그들은 [그 말대로라면] 교회의 통일성이 없는 곳에서는 진정한 교회 연합이 있을 수 없게 되어버린다는 사실을 잊곤 합니다. 보수주의자들과 자유주의자들 그리고 복음주의적인 그리스도인들과 현대주의자들과 같이 전혀 이질적인 집단들이 영적인 의미에서 하나가 될 수 있으며, 그리스도의 신성과 교회의 영적이고 권위 있는 머리로서의 그리스도에 대한 혼란스런 이해들과, 이러한 진리들에 대해 부정하는 자들이 영적으로 하나인 교회 안에서 다 함께 갈 수 있다고 그들이 가정할 때에, 그들이 초래할 혼란은 진정 엄청난 것입니다.

다시 한 번, 교회 연합 운동의 가장 열렬한 주역들 가운데 일부는 진리를 희생시키면서까지 이 연합을 추구하는 경향이 있음을 밝힙니다. 처음에는 모든 사람들이 동의할 수 있을만한 최소한의 진리를 발견해내려는 시도가 있었지만, 이 일에 실패하자 그들은 "교리는 잊고, 다 같이 일함으로써 함께 모입시다."라고 말했습니다. 그러나 그러한 그들의 주장은 예수님의 "내가 비옵는 것은 이 사람들만 위함이 아니요 또 저희 말을 인하여 나를 믿는 사람들도 위함이니······그들도 다 하나가 되어"[요 17:20-21]라는 기도와 정반대가 됩니다. 그것은 사도 바울이 그려낸 이상과도 전적으로 어울리지 않습니다. "그가 어떤 사람은 사도로, 어떤 사람은 선지자로, 어떤 사람은 복음 전하는 자로, 어떤 사람은 목사와 교사로 삼으셨으니 이는 성도를 온전하게 하며 봉사의 일을 하게하며 그리스도의 몸을 세우려 하심이라 우리가 다 하나님의 아들을 믿는 것과 아는 일에 하나가 되어 온전한 사람을 이루어 그리스도의 장성한 분량이 충만한 데까지 이르리니."[엡 4:11-13] 『현대 정신 만들기』 The making of the modern mind, 1976라는 책에서 존 허먼 랜달John Herman Randall Jr, 1899-1980이 말한 것처럼, 불교도들과 이슬람교도조차 배제될 필요가 없을 정도로 몹시 포괄적인 연합을 상상하는 사람들에 대해 우리는 뭐라 말할 수 있을까요? 이는 그야말로 대혼란을 야기할 뿐입니다.

또한 현재의 종교적 혼란은 바로 그 종교적 정의에서 명백해집니다. 교회는 결코 하나님을 배제한 채로 교회에 대해 생각한 적이 없고, 하나님과 관계없이 교회를 정의한 적이 없습니다. 교회는 경건한 두려움을 수반한 하나님과의 영적 교제(spiritual communion with God)로서, 그리고 감사의 예배와 사랑의 봉사로 자신을 표현하는 것으로 이해하는 신앙을 가져왔습니다. 그러나 오늘날 종교는 하나님과 아무런 관계없이 멋대로 정의됩니다. [독일의 신학자이자 철학자인] 슐라이에르마 허(Friedrich Daniel Ernst Schleiermacher 1768-1834)는 종교를 단순히 "의존의 감정"(a feeling of dependence)이라 칭합니다. 또한 [영국의 문명비평가] 해브 록 엘리스(Henry Havelock Ellis, 1859-1939)는 종교를 "세계와의 연합의 직 관"(an intuition of union with the world)이라고 말합니다. 아울러 [호주 태생의 영국 고전 학자] 길버트 머레이(George Gilbert Aimé Murray, 1866-1957)는, 종교 가 "우리를 위대한 세계의 세력들과 관계시키는 것"(that which brings us into relation with the great world forces)이라고 말합니다. [영국의 시인이자 평론 가였던] 매튜 아널드(Matthew Arnold, 1822-1888)에게 있어서, 종교는 단순 히 "감화된 도덕성"(morality touched with emotion)입니다. [핀란드 태생의 통 계학자였던] 훼프딩(Wassily Hoeffding, 1914-1991)은 종교를 "가치 보존에 대 한 신념"(faith in the conservation of values)으로 간주합니다. 그리고 [독일 의 철학자이자 현상 학자, 그리고 법률 이론가였던] 라이나흐(Adolf Bernhard Philipp Reinach, 1883-1917)는 종교를 "우리의 능력의 자유로운 발휘를 방해하 는 양심의 가책의 총합"(a sum of scruples which impede the free exercise of our faculties)으로 정의합니다. 만일 더 많은 정의들이 필요하다면, 그것들 을 [종교심리학에 기여한 미국의 심리학자] 로이바(James Henry Leuba, 1868-1946) 의 『종교에 관한 심리학적 연구』(A Psychological Study of Religion)에서 찾을 수 있습니다. 특히 눈에 띄는 것은 이 모든 정의들 안에서 종교 가 하나님과 전혀 상관없이 정의된다는 것입니다. 더욱이 다양한 정 의들 자체–그는 약 40가지의 정의들을 인용한다–가 큰 혼란을 나타내는 것입니다.

이처럼 종교가 많은 철학자와 신학자들의 마음속에서 그렇게 모호한 것이 되어버려서, 정의하기 어렵고, 각각의 이론가들이 마음대로 정의를 내린다는 사실에 비추어 볼 때, 존 H. 디트리히(John Hassler Dietrich, 1878-1957), 에드워드 스크리브너 에임스(Edward Scribner Ames, 1870-1958), 월터 리프만(Walter Lippman, 1889-1974), 해리 엘머 반즈(Harry Elmer Barnes, 1889-1968) 그리고 그 외의 다른 사람들과 같은, 하나님의 존재에 관하여 무신론적이거나(비록 그들 중 일부가 여전히 "하나님"이라는 용어를 사용하기는 하지만) 솔직하게 불가지론적인 인본주의자들(humanists)이, 그럼에도 불구하고 종교적이라고 해야 한다는 것이 놀랄만한 일(사실은 놀랄 일이 아니라 혼란스러울 수 있는 일이지요)은 아닙니다. 디트리히가 말한 대로, 종교가 단지 "[사회적, 경제적] 불균형과 불완전함이라는 악에서 최고도로 향상된 삶의 행복으로 도피하려는 인간의 시도라고 한다면" 왜 그들이 종교적이라고 주장해서는 안 되는 것일까요? 그들에 따르면, 종교는 초자연적인 근원도 갖지 못하며, 초자연적인 대상도 갖지 못합니다. 디트리히는 이렇게 말하지요. "솔직히 제가 종교의 자연적인 기원을 받아들인다는 사실을 이해하시기 바랍니다." 그리고 반즈도 이렇게 말합니다. "종교는 (인간의 경제 사상이나 실천들만큼이나) 순전히 세속적 인간의 산물이라는 사실이 철저히 확증되었습니다."

이전에 말했던 바와 같이, 인본주의자들 중 일부가 여전히 계속해서 "하나님"이라는 용어를 사용합니다. 사실 이러한 일은 많은 철학자들과 신학자들의 마음속에서 그 용어가 그것의 정확한 의미를 상실했기 때문에 가능한 것입니다. 하지만 이 혼란스러운 세계에서 이 용어는 다양한 의미를 갖습니다. 교회는 항상 하나님을 인격적인 존재로 인식해왔지만, 현재의 종교 세계에서 "하나님"이라는 용어는 단지 어떤 비인격적인 힘을 나타낼 뿐입니다. 웨스트민스터 신앙고백서(Westminster Confession)의 정의와 현 시대의 하나님에 관한 어떠한 정의들은, 사실 전혀 판이한 것입니다. [웨스트민스터 신앙고백서의 정의에 따르면] "하나님께서는 그분의 존재에 있어 영이시며, 무한하시며, 영원하시며, 변하실 수 없으시고, 지혜로우시며, 전능하시며, 거룩하시며, 공의로우시고 선하시고 진실"하십니다. 로이스(Royce)는 하나님을 "공동체의 내재하는 영"으로 말했고, 오버스트리트(Overstreet)는 하나님을 "다수의 삶 자체의 통일성 안에 있는 세계 (세계와 함께 성장하는 하나님)"로 인식합니다. 매튜 아널드에게 있어, 하나님께서는 "정의를 위해 이바지하는 우리 자신이 아니라 능력"입니다. 그리고 [시카고 대학의 신학교수였던] 죠지 버어만 포스터(Gorge Burman Foster, 1858-1918)는, "하나님"이란 단어는 "이상적인 집단을 이루게 하는 능력 안에서 우주를 나타내는 상징"이라고 말합니다. 이외에도 계속해서 여러 다른 정의들을 우리가 추가할 수도 있겠지만, (하나님에 대한) 모든 개념들의 가장 근본적인 것에 관련하여 지배적인 혼란의 중요성을 알린 것으로 충분하리라 봅니다. 분명한 것은, 어떤 이들에게 있어 하나님께서는 인격적이시지만, 다른 이들에게 있어서는 그렇지 않으시다는 점입니다.

어떤 이들은 하나님을 무한하신 분으로 인식하지만, 다른 이들은 하나님을 유한한 분으로 인식합니다. 어떤 이들은 하나님을 변하실 수 없으신 분으로 생각하지만, 다른 이들은 하나님께서 세계와 함께 성장하고 변화하시는 분으로 이해합니다. 어떤 이들은 하나님과 세상을 구별하지만, 다른 이들은 하나님과 세상을 구별하지 못하고, 둘을 동일시합니다.

한편, 기존의 혼란에 대한 더 많은 증거로서, 오늘날의 설교에 주목할 필요가 있습니다. 여러분이 구약 선지자, 예수님, 사도들, 암브로스(Ambrose), 어거스틴(Augustine), 루터(Luther), 칼빈(Calvin), 웨슬리(Wesley) 그리고 휫필드(Whitefield)의 설교에 주의를 기울인다면, 여러분은 의심할 여지없는 다양한 변주곡으로 이루어졌지만, 하나의 주제로 구성된 웅장한 교향곡을 듣고 있으며, 그것이 여러분의 마음을 황홀한 즐거움으로 채운다는 것을 느낄 것입니다. 그러나 여러분이 우리 시대의 많은 대표적 인물들의 설교에 귀를 기울이게 될 때에는, 그것이 몹시 다르다는 것을 느끼게 될 것입니다. 그때 여러분은, 그 곡의 조화가 귀에 거슬리는 불협화음으로 깨져버리는 것을 느낄 것입니다. 원래의 주제가 여전히 간혹 들릴 수도 있지만, 그 구성은 귀에 거슬리는 조화되지 않는 많은 요소들에 의해 쉽게 손상되어버리고 맙니다.

이에 대해 조금만 더 언급할 것을 허락해 주시기 바랍니다. 기독교 종교가 우선적으로 내세(other-worldly)적이지만 이생에 대해서도 매우 많은 관심(this-worldly)을 보여야 한다는, 인간은 전적으로 타락했지만 본질적으로는 여전히 선하고, 인간은 본질상 태어나면서부터 하나님의 진노의 대상이지만 그러면서도 오직 하나님의 사랑을 받는 대상이라는, 우리는 예수 그리스도의 속죄하는 피[희생]에 의해 구원을 받아야 하지만 어떠한 사람의 희생으로도 다른 이를 구원할 수 있다는, 인간은 구원을 위해 그리스도를 믿어야 하지만 그러면서도 오직 그리스도의 모범을 따라 행해야 한다는, 죄인은 성령님의 초자연적인 사역에 의해 변화되어야 하지만 그가 필요로 하는 유일한 변화는 자연적이고 심리적인 것이라는, 우리는 이 악한 현재의 세상으로부터 구원을 받아야 하지만 오직 세상과 함께 구원을 받을 수 있다는, 우리는 복되고 영광스러운 상급의 확신에 찬 기대를 가지고 미래를 바라보아야 하지만 우리의 구원이 현재에 제한된다는 말을 여러분은 듣습니다. 이처럼 오늘날의 설교는 혼란의 증거이자 원인입니다.

이러한 혼란은 기독교 진영들 안에서 제기되는 많은 의문들 가운데서 나타나고 있는데, 그러한 의문은 한 세대 전쯤이나 그 전에는 질문되지 않았거나 매우 드물게 제기되었습니다. 남녀노소 많은 사람들의 마음속에 한 때는 확고하게 믿었던 것들을, 지금은 물음표 가운데서 의심하게 되었습니다. 여러분은 때때로 사람들이 단지 반대하고 싶어 하거나, 그저 깨닫고 있는 것처럼 보이기를 원하고 있지만 의심할 여지없이 때로는 진지하게 의문을 갖기도 한다는 말을 들을 수 있을 것입니다. "하나님께서 진실로 우주를 창조하셨을까요? 혹은 그것이 진화의 산물은 아닐까?"라고 말입니다. 또는 "타락에 대한 이야기는 문학으로 취해야 할까? 그것은 단지 악의 기원에 대한 상징적 묘사일까?" 그리고 "죄는 진정 하나님 앞에서의 범죄를 말하는 것일까? 혹은 그것이 단지 생물학적 조상들로부터 비롯된 인간이 책임질 수 없는 불완전성은 아닐까?", "실은 하나님께서 인간보다 도덕적으로 열등하여 배상이 없이는 죄를 용서하실 수 없으시지만, 인간은 그보다는 자주 용서하며 용서할 수 있는 것이 아닐까?", "단지 그리스도의 십자가를 의지하는 것보다는 선한 행실이 구원을 더욱 효과적이게 하지 않는가?", "인간이 하나님을 공손히 섬기고 영생의 상속자가 되기 위해, 꼭 초자연적인 변화가 있어야만 하는 것일까?" "중생, 회심 그리고 성화는 순전히 자연적인 심리 현상이 아닐까?", "현세에서 잘 사는 방법을 사람들에게 가르쳐주는 것이 아니라 천국으로 가는 길을 알려주는 것만이 교회의 할 일일까?", "개인의 구원에 대해 갈망하는 것은 너무 이기적인 것이지 않나?", "사랑의 하나님께서 단지 일시적일 뿐인 인간의 범죄들에 대해 영원히 벌하려고 하실까?" 등등 사람들의 마음속에 수많은 혼란이 나타나고 있습니다.

이러한 혼란이 너무도 심각해서, 마치 바벨탑을 쌓던 사람들의 언어적 혼란처럼, 사람들은 종종 서로를 이해하는데 실패하곤 합니다. 몇 년 전, 유능한 목사들 가운데 한 분께서 정규적으로 그랜드래피즈(Grand Rapids)에서 열리는 일반 목회자 간담회에 참석했었는데, 거기에는 많은 현대주의자들도 참석했습니다. 그런데 그분께서는 여러 해 동안 그곳에 참석한 후, 한 번은 나에게 "저는 그 사람들을 도통 이해할 수가 없네요. 저는 그 사람들이 뭐라 말하는지 알아듣지를 못하겠어요."라고 말했습니다.

그러한 실패에 대한 또 다른 예를 들 수 있도록 허락해 주시기를 바랍니다. 언젠가 지적인 평신도들 중 한 분이 한 여자 분과 대화를 나눈 것에 대해 말해 주었는데, 그녀는, 자신이 초기에 개혁 교회에서 종교적 훈련을 받았지만, 지금은 철저히 자유주의적인 설교자가 시무하는 그랜드 래피즈의 교회에 속해있음을 그에게 알려주었다고 합니다. 사실 그녀는 자신의 어머니가 항상 그녀에게 가르쳐준 것과 같은 내용을 그 목사가 설교하는 것 같았기에, 그 교회에 입회했다고 말했습니다. 하지만 그녀는 분명히 많은 옛 용어들을 들었습니다만, 새로운 의미가 그 용어들에 침투해 있음을 깨닫지 못했습니다. 오늘날에는 라디오 설교들을 분별력 없이 듣는 많은 명목상의 기독교인들을 만날 수 있으며, 포스딕(Harry Emerson Fosdick, 1878-1969. *현대주의 논쟁의 중심인물이 되었으며 20세기 초의 가장 유명한 자유주의 목회자였다)과 반하우스(Donald Gray Barnhouse, 1895-1960. *미국 필라델피아의 유서 깊은 제10장로교회의 목사)가, 브래들리(Bradley)와 풀러(Charles E. Fuller, 1887-1968. *미국의 유명한 라디오 복음 전도자)가 동일하게 훌륭한 사람으로 여겨집니다. 일반적으로 종교적인 세계에 관해 이야기 할 때, 그가 공동저자로 되어있는 『세상에 반한 교회』(The Church Against the World)라는 책에서 포크(Wilhelm

Pauck, 1901-1981)는 이렇게 말합니다. "반드시 지적되어야 할 현대 미국 개신교의 두 번째 특징은 그 자체에 대한 확고한 이해의 상실에 있습니다. 현대 설교에 대한 연구는 이러한 소견을 예증합니다. 이러한 설교에서 종교가 또렷이 언급될 때, 마치 교회가 바로 이것에 대한 철저한 이해를 전제해서는 안 되는 것처럼 정교하고 암시적인 해석과 정당화가 필요하다는 것은 정말 놀라운 일이 아닙니까?"

이제 이 모든 혼란의 원인, 혹은 원인들에 관해 묻는 질문이 제기될 수 있을 것입니다. 그리고 그에 대한 가장 근본적인 원인은 하나님의 말씀에 대한 광범위한 부정과 절대적인 권위, 그리고 죄로 어두워진 인간 본성의 잘못된 권위로 그것을 대체하는 데 있다고 즉각적으로 말할 수 있습니다. 지난 세기의 반에 걸쳐서 성경의 권위가 진화론으로서의 철학에 토대한 고등 비평(a higher criticism)의 결과로 서서히 쇠퇴해왔던 것입니다. 그리고 마침내 인간적 접근이 지난 세기들에 있어서의 신적 접근에 대체되었습니다. 그런즉, 성경은 더 이상 신적 계시가 아니라 역사적 정황들의 산물로 바라보는 시각으로 접근하게 되었습니다. 성경의 기원에 대한 연구에서 인간적 요인들이 우선시되었고, 처음에는 부분적으로 받아들여지다가, 마침내는 신적 요인이 전적으로 무시되는 지경에 이르렀습니다. 성경은 선지자들과 사도들의 오류가 있을 수 있는 경험의 기록으로서, 여타한 다른 책들과 다를 바 없는 책이 되고 만 것입니다. 어떤 경우에는 성경의 영감에 대한 명목상의 인식이 여전히 남겨져 있습니다만, 이것은 단지 성경이 매우 고차원적인 문학적 수집물로서 고려된다는 사실을 나타낼 뿐입니다. 신적 권위(Jus Divinum)에 대한 목소리는 잠잠해져 버렸고, 인간 이성의 목소리로 대체되어버렸습니다. 기독교 학자들은, 위대한 교부들과 종교개혁자들이 그랬던 것처럼 거룩한 문서에서 진리를 소유하는 것을 기뻐하는 대신에, 고대 그리스인들처럼 단지 여러 진리들을 탐색하는 자들이 되고 말았습니다. 객관적 근거의 확실한 근거는 주관주의(subjectivism)라는 험난한 바다로 바뀌었으니, 많은 사람들이 주관주의로 인해 난파당했고, 지금은 새는 배, 뗏목, 판자 조각 위에서 표류하고 있는 지경입니다. 오늘날 우리는 성경에서 찾을 수 있는 어떤 지지라도 여전히 인정하는 현대주의자와 함께 있을 뿐만 아니라, 더글러스 C. 매킨토시(Douglas Clyde Macintosh, 1877-1948. *캐나다에서 활동한 자유주의 신학자)의 말하는바 "사물 자체보다 '무신론'이라는 말을 더 두려워하는" 인본주의자(humanist) 그리고 오늘날 공산주의(Communism)가 지배적인 곳이면 어디든 그의 승리를 경축하는 세속주의자(Secularist)와 하나님의 말씀을 벗어난 사람들의 최종적인 목표를 나타내는 무신론자(Atheist)와도 함께 있습니다. 하나님의 말씀이요 신앙과 실천의 무오한 규범으로서 성경으로부터의 이러한 일반적인 탈선은, 결과적으로 종교적인 불확실성과 혼란으로 귀착될 것이 자명합니다. 물론 우리가 하나님의 일반 계시(자연과 역사, 인간 인식과 경험 그리고 과학과 문학으로부터)로부터도 하나님에 관한 어떤 것을 배울 수 있다는 사실은 분명히 진실입니다. 바울 사도의 말에 따르면, 하나님께서는 그 자신을 이러한 것들 안에 나타내십니다. "창세로부터 그의 보이지 아니하는 것들 곧 그의 영원하신 능력과 신성이 그가 만드신 만물에 분명히 보여 알려졌나니"(롬 1:20). 그러나 인간은 이러한 것들을 올바르게 이해하지 못하고, 불의 안에 진리를 가두어버립니다. '일반 계시'는 죄로 인해 희미하게 가려졌고, 죄인을 하나님께 돌이키고, 그의 신앙의 필요한 내용들을 밝혀내고, 온당한 예배와 봉사를 제안하고 규정하기에는 너무나도 불충분합니다. 그러므로 하나님께서 인간의 종교적 삶을 결정하시고 규정하시는 것은 정확히 그분의 '특별 계시'를 통해서입니다. 바울은 이러한 의미심장한 말로 골로새의 성도들에게 경고했습니다. "누가 철학과 헛된 속임수로 너희를 사로잡을까 주의하라. 이것은 사람의 전통과 세상의 초등학문을 따름이요, 그리스도를 따름이 아니니라."(골 2:8) 기독교 세계가 이 경고를 무시할 때, 그 결과는 혼란 뿐이었습니다. 그러나 안타깝게도 오늘날 그리스도 교회의 신앙고백을 가진 회원들이 마땅히 믿어야 할 것이 무엇인지를 거의 알지를 못하는 실정입니다.

어떤 분들이 "설교단은 어떠한가?"고 질문할지 모르겠습니다. 설교단 자체도 오늘날의 이 혼란 속에 있을 뿐만 아니라, 이에 더하여서 더욱 큰 혼란을 야기하는 근원이 되었습니다. 소위 "그리스도의 대사"라 불리는 많은 이들이 일반 계시의 진리들, 인간 중심적인 복음, 이 세상에 속한 복음 그리고 종교에 기초하지 않은 피상적인 도덕성만을 담은 메시지로서 설교합니다. 권위 의 목소리는 수천의 설교단에서 멀어졌고, 정도를 벗어난 인간 이성의 목소리들에 자리를 내주고 말았습니다. "주께서 말씀하시기를"이라는 확신에 찬 말씀 대신에, 이제 우리는 "제가 생각하기로는" 혹은 "제게는 그럴 것 같은데"라는 주저하는 입장의 말들을 듣게 됩니다. 그러나 만일 설교자가 종교에 있어 가장 근본적인 것들에 관하여 확신이 없다면, 여러분들은 그런 사람들에게 무엇을 기대할 수 있겠습니까? 구약은, 제사장들이 그러했던 것처럼 백성들도 그러해야 할 것을 우리에게 확신시킵니다. 포우크(Pauck)는, 현대의 많은 설교자들이 그들의 회중들에게 설교할 때, 회중들이 하나님을 믿는다는 가정 하에 설교를 진행할 엄두를 감히 내지 못한다고 우리에게 전합니다. 그는 이렇게 말합니다. "그러나 현대의 설교들은, 진정 훌륭한 삶이 하나님을 신앙하는 믿음에 의해서만 획득될 수 있다는 확신을 전달하고자 하는 목적만을 주로 지향하는 것 같습니다. 대다수의 현대 설교들은 그 시작에서부터 그러한 믿음을 전제한 권고이며, 묵상이나 해설이라기보다는 하나님을 믿는 신앙에 대한 논증들입니다." 그리고 서글픈 사실은, 그나마 여전히 그의 청중들에게 진정 훌륭한 삶을 위해 하나님을 믿는 신앙의 필요성을 주장하는 현대 설교자들조차도, 구원을 위해 그리스도를 믿는 신앙의 필연성과 오직 그리스도와의 연합 안에서만 받을 수 있는 신적 은혜의 풍요로움을 전적으로 망각하고 있다는데 있습니다.

이 시점에 있어서 성경의 권위를 전복시키는 데 주된 역할을 하고, 가장 근본적인 가르침들을 거부하게 하는 어떤 특별한 요소들에 주의를 환기시키는 것이 좋을 듯합니다. 성경을 하나님의 특별 계시로 존엄히 여기는 것을 거부하고, 그 안에서 매우 부적절한 가치를 지닌 여러 공헌들로 구성된 오직 자연적인 인간의 산물들만을 보는 고등 비평(a higher criticism)에 대해서 언급해야만 하는데, 그 공헌이고 하는 것이라고는 그것의 끊임없는 공격에 의해 성경의 신뢰성을 훼손하며, 성경의 신적 권위와 규범적 가치를 절대적으로 거부하는 것을 의미합니다.

고등 비평은 진화의 철학에 단단히 결합되었습니다. 예전에 다윈(Charles Robert Darwin, 1809-1882)은 자신이 일관된 진화론자가 되는 동시에 하나님을 믿는 신앙을 유지하는 것이 가능할 것이라고 생각했었습니다. 그러나 만년에 그는, 신적인 존재를 믿는 신앙을 포기해야 할 것 같다고 그의 친구에게 글을 보냈습니다. 특별히 그것이 역사에 적용될 때, 매우 큰 인기를 누리는 진화론적 가설은 많은 성경적 진리들에 대한 부정을 함축합니다. 종의 기원에 대한 다윈주의의 이론들은 특별한 창조의 교리를 부정합니다. 비록 지금은 창조적(creative)이고 창발적인 진화(emergent evolution) 사상으로 대체되었지만, 진화에 대한 연구에서 오랫동안 지배적이었던 연속성 혹은 지속적 발전 원칙은, 하나님의 형상 안에서의 인간 창조와 죄로 인한 인간의 타락을 부정하게 만들었습니다. 그리고 자연 과정으로 인한 인간의 완전성에 대한 개념은, 구속의 교리가 존재해야만 하는 이유를 없애버렸습니다. 그리고 이 철학이 계시와 종교의 역사에 적용되었을 때에, 그것은 종교적 진리를 점점 더 부정하게 만드는 결과를 초래했고, 성경 연구에 있어서의 궁극적인 혁명을 일으키고 말았습니다.

새로운 심리학은 특별히 프로이트주의(Freudian)와 왓슨주의(Watsonian)의 형태로 현재의 혼란을 매우 가중시켰습니다. 그것의 어떠한 형태들 가운데서 영혼의 존재에 관해 단지 불가지론적 태도를 취했고, 다른 형태들 안에서는 이를 대담하게 부정했습니다. 두 경우에 모두 영혼이 없는 심리학이 되어버리고 마는데, 그러한 것은 심리학으로 불릴 수 없습니다. 뿐만 아니라 많은 현대 심리학들이 초자연적인 것을 부정하기 때문에, 하나님 또한 부정합니다. 그것은 인간의 영적인 본성을 인정하려 하지 않고, 인간을 단순한 기계로 만들어 버립니다. 모든 인간 행동의 원인은 생리적 작용과 분비샘에까지 거슬러 올라가므로, 도덕적인 성격을 상실합니다. 자연적인 자극들이 그에 상응하는 반응들을 초래할 뿐이며, 도덕적 의무에 대한 물음은 그와 무관해질 뿐입니다. 이러한 심리학은 죄를 단지 육체적 이상증상으로 간주하며, 개인적인 죄를 정신적이고 감정적인 강박들로 바꾸어 버리고, 기도를 단지 자기 암시로 보며, 종교적 예배를 단순한 겁쟁이들의 현실도피로 간주해버립니다. 그러므로 현대의 많은 심리학적 연구들은 명백히 우리의 신앙 기초들에 치명적인 타격을 가하려는 의도를 내포하고 있습니다. 그것들은 종교와 도덕 모두에 대해 파괴적입니다. 만일 모든 생명 현상들이 화학적 과정에 의해 결정되는 것이라면, 인간은 책임 있는 존재가 되기를 그치게 됩니다. 인간은 그저 있는 그대로의 인간이며, 필연적으로 행할 것을 행할 뿐인 것입니다. 그 결과 죄인과 성인 사이의 차이는 그 원인에 있어 육체에서 발현되는 호르몬들 안에서, 혹은 분비샘의 여러 특성과 분비량 가운데서 찾습니다.

저는 또한 여기서 철학에 의해 가르침을 받고, 특징적으로 미국의 실용주의(Pragmatism) 철학 안에서 특별한 적용을 발견한 진화론(the theory of evolution)과 상대주의(relativism)가, 한 영역 안에서 진리인 것이 다른 영역에서 거짓일 수 있고, 예전에 혹은 한 장소에서는 옳았던 것이 나중에 혹은 다른 장소에서는 틀릴 수 있다고 가르치는 것(당연히 결과적으로 대대적인 혼란을 야기하는 가르침)에 의해 모든 진리의 객관적 표준과 권리를 손상시켰다는 사실에 관해 더욱 상세히 설명할 수 있습니다. 하지만 그보다는 종교 세계 안에 있는 현재의 혼란에 대한 더욱 실천적인 어떤 원인들에 주의를 집중시키기 위해 상세한 설명을 자제하려 합니다.

이와 관련하여 저는 우선 우리나라[미국]의 공립학교의 가르침과 복음주의 교회의 가르침 사이의 불일치에 대해 언급하려 합니다. 학교들은 물론 일반화가 불가능한 종교적 문제에 있어서는 중립적이기 마련입니다. 학교들 중 몇몇은 적극적인 종교 교육을 자제하는 동시에, 성경에 명백히 반하는 것은 되도록 가르치지 않으려 한다는 것도 사실입니다. 그리고 특히 지방 자치구에 속한 다른 학교들은 기도와 성경 읽기와 같은 종교적 요소들을 그들의 일과표에 포함시키기도 합니다. 그러나 전체적으로, 학교들이 점차로 세속화되어가고 있을 뿐만 아니라 특히 상위 영역(고등학교, 대학교, 종합대학)으로 갈수록 학교들은 점점 반종교적이 되어갑니다. 그리고 노골적으로 적대적인 경우에, 그들의 가르침의 상당 부분이 교회의 전통적 가르침들에 반합니다. 스콰이어(Squires)는 그의 책, 『오늘날의 교육 운동에 관하여』(Educational Movements of Today)에서 이렇게 말합니다. "여러 세대를 거치면서 미국 공교육은 점차로 세속화되어버렸습니다. 아마도 우리는 공교육의 세속화된 학교 제도의 결과가 무엇인지를 이제 막 경험하기 시작한 것인지도 모릅니다. 그로부터 종교가 세심하게 제거되어 버리는 공교육 제도가 장차 본질적으로 그리고 적극적으로 반종교적이 될 것이라는 가정보다 무엇이 더 논리적이겠습니까? 모든 교육 제도의 배경은 지속적(sustaining)이고 형성적(formative)이어야 합니다. 만일 철학이 종교적이지 않다면, 그러한 철학은 중도에 머무를 수 없고, 반종교적이 됩니다. 철학은 궁극적인 해석들의 기초입니다. 종교와 관련된 문제들에 있어, 철학은 중립적일 수 없습니다."

공립학교에 출석하는 한, 오늘날 복음주의 교회의 청년들은 기독교 가정과 교회에서 배우는 것과 매우 다른 별개의 것을 학교에서 배우게 됩니다. 그리고 그 결과는 이중적 사고, 분열된 삶, 일관되기를 원하는 사람들 편에서의 영적인 투쟁들, 종종 일어나는 종교의 상실, 그리고 때때로 일어나는 절망들입니다. 이에 대한 많은 증거가 단 길버트(Dan Gilbert)의 『우리의 대학들에서 십자가에 못 박히신 그리스도』(Crucifying Christ in our Colleges, 1936)라는 책에서 발견될 수 있습니다.

혼란의 또 다른 하나의 영향력 있는 근원이 어떤 교회들 안에서의 가르침과 설교의 부당한 자유 속에서 그리고 현대주의자가 주어진 기회를 활용하는 방식 안에서 발견됩니다. 건전한 교리를 소유한 동시에 설교자가 그들의 표준과 절대적으로 불일치 하는 교리들을 선포하도록 허락하는 교회들이 있습니다. 그들은 그들의 신앙고백과 다른 교회와 세상을 말합니다. 이것이 우리가 서 있는 지점입니다. 그리고 동시에 그들은 현대주의 설교자들이 강단에서 교리적 허위를 전하며 장황하게 늘어놓는 것을 허락합니다. 그리고 이러한 현대주의자들은 신조들을 립 서비스(lip-service) 정도로 제공하고선 그것들과 조화를 이룬다고 주장하기조차 합니다. 그러나 그들은 신조들을, 건전한 모든 해석 원리들에 반하며 명백히 부정직한 방식으로 해석하는 것입니다. 왜냐하면 그들이 말씀의 문자적인 의미를 그들 자신의 상징적 해석으로 대체했기 때문입니다. 그들은 자의적 해석 안에서 오리겐(Origen)과 경쟁이라도 하는 듯이, 오리겐의 풍유적 해석(allegorical interpretations)을 비난하는 가운데서 성경 해석에 있어 동일하게 의심스러운 관행을 따릅니다.

설교할 때, 그들은 하나님과 그리스도, 죄와 형벌, 속죄와 구속, 중생, 회심, 그리고 성화, 부활과 심판, 천국과 지옥과 같은 예전의 친숙한 용어들을 주저함 없이 사용하지만, 그 용어들에 새로운 의미를 부여하여, 그 결과 우리는 그들이 사용하는 어휘들 안에 이 단어들이 무엇을 의미하는지 우리에게 설명해 줄 새로운 사전이 진정 필요하게 되어버렸습니다. 그들은 말씀이 대개 역사의 과정을 가지며, 역사를 지나오면서 새로운 의미를 얻게 된다는 사실에 주의를 환기시키므로 이러한 관행을 정당화하려 합니다. 그러나 이러한 생각이 인정될 수 있을지 모르겠지만, 그것이 우리가 성경을 기록했던 사람들에 의해 그 의미들이 사용되었던 것처럼 19세기와 20세기의 의미를 그 말씀들에 귀속시킬 권리를 가진다는 것으로 이해되지는 않습니다. 그들[성경 기록자들]의 사상은 변화되는 언어와 함께 결코 변하지 않습니다.

이 모든 것들이, 전반적으로 보아 강단이 오늘날 명확하고 분명하며 고유한 음색을 들려주지 못하고 있다는 것을 의미합니다. 강단의 메시지가 자신을 현대 문화와 오늘날 과학의 요구에 순응시켰을 때, 그것의 정체성을 상실해 버렸습니다. 『세상에 대항하는 교회』(The Church Against the World, 1935)의 저자들 중 한 사람은, 교회가 오늘날 그 자신의 메시지를 갖지 못한 데 대해서 슬픔을 표현했습니다. 그리고 만일 나팔이 불확실한 소리를 낸다면, 누가 전쟁에 대비할 수 있겠습니까? 사람들은 너무도 큰 혼란에 빠져 있습니다. 사도 신경을 암송할 때, 어떤 이들은 그것을 그들 신앙의 문자적 표현으로 간주합니다만, 다른 이들은 그것을 과학적 진리들에 대한 상징적 표현으로 바라봅니다. 그리고 또 다른 이들은 침묵하거나 그들의 목소리를 낮춤으로써 특정한 조항에 대한 그들의 의심을 나타내보입니다.

그러나 오늘날 강단과 관련된 문제는 단지 강단이 자유주의적인 설교자들과 보수적인 설교자들을 함께 품는다는데 있을 뿐만 아니라, 후자[보수적인 설교자들]가 자유주의에 대한 그들의 반응에 있어 모두 한결같은 마음이 아니라는 데도 있습니다. 자유주의가 근본적으로 틀렸다는 것을 아는 사람들 중 어떤 이들은 아직 그 교훈에 속한 것들을 배우기를 원하는 반면, 다른 사람들은 "육체로 얼룩진 옷을 혐오" 합니다. "기독교 신앙은 교리가 아니라 삶이다"라는 슬로건과 교리적 진리와 사회 윤리에 대한 특별한 사랑을 가진 자유주의에 반대하여, 성경의 교리적 가르침들에 대한 건전한 해석에 대한 긴박한 필요가 존재한다고 느끼는 사람들이 있습니다. 그러나 근본주의를 자랑스럽게 여기는 사람들도 있습니다만, 근본주의자들은 "교리가 아니라 성경"이라는 마치 경건하게 보이는 슬로건 아래서 교리를 버렸고, 역사적 기독교를 저버리고, 진리를 희생시키면서 경험을 높이며, 교회 젊은이들을 교화시키는 생각들을 조소함으로, 자신도 모르게 자유주의자들에게 이롭게 행동합니다. 그들의 기독교 신앙이 우선적으로 실천적이고, 현세에 그 원칙들을 적용하기를 열망하는 사람들이 있습니다. 그런가 하면 그의 기독교 신앙이 더욱 공상적이고, 악이 증대되는 현세에 절망하여서 그 위안을 오직 미래를 바라보는 데서 찾으려는 사람이 있습니다. "복음주의적 기독교"로 불러지는 종교적 세계 안에서 조차 얼마나 큰 다양성이 있고, 얼마나 큰 혼란이 있는지요! 그리고 이 혼란은 오늘날 라디오를 통해 곧장 가정에까지 전달되고 있습니다. 무엇보다 이 문제를 두 배로 심각하게 만드는 것은, 많은 그리스도인들이 온전한 분별력을 전적으로 결여하고 있는 것처럼 보인다는 사실입니다.

어떻게 이런 모든 혼란 속에서 변함없이 버틸 수가 있을까요? 이러한 질문이 종종 제기되곤 하는데, 이는 우리가 다루고 있는 주제에 또한 함축되어있습니다. 우리가 이 질문에 대해 일반적인 만족을 얻으며, 보편적인 동의를 얻는 답변을 기대하기는 어렵지만, 우리는 적어도 우리의 의견을 피력하고, 종교적인 세계 안에 더욱 큰 조화와 현재의 혼란 중에 더욱 큰 안정에 절대적으로 필요할 것으로 보이는 것들을 제시할 수 있습니다. 하지만 함축된 질문이 혼란을 끝내고 종교 세계에 평화와 조화를 가져다 주는 방법이 어떤 것이냐는 것이 아니라는 사실을 주목하시기 바랍니다. 이것은 [비유하자면] 대서양의 복수의 여신들을 진정시키는 것만큼이나 우리의 역량을 훨씬 넘어서 있는 일입니다. 질문의 골자는, 교리적 영향력이 우리의 사방으로 불어오되, 사방팔방에서 무모한 방종으로 치달을 때에, 안정을 유지할 방도가 무엇이냐는 것입니다. 종교 세계 안에 팽배하고, 심지어 몇 년 후에 증대될 수도 있는 동요와 혼란 가운데서 우리는 어떻게 정신과 마음의 평정과 평안 그리고 양심을 유지할 수 있을까요? 하나의 주요한 필요조건은, 우리가 하나님 자신이 놓으신 토대에 근거해서 확고한 것들을 주장하는 것입니다. 우리는 그것을 잘 알려져 선호되는 찬송가로 노래합니다.

"주님의 성도들이여, 얼마나 견고한 기초가 있는가!
그 기초가 하나님의 말씀을 믿는 당신의 신앙을 위해 놓여 졌다네!
보호를 위해 예수께 피한 당신들에게
하나님께서 이미 말씀하신 것 외에 무엇을 더 말씀하실 수 있단 말
인가?"

하나님의 말씀은 절대적인 확실성과 권위를 가지고 우리의 종교가
어떠해야할지, 그리고 우리가 어떻게 우리의 하나님을 예배하고 섬
겨야 할지를 결정해줍니다. 하나님의 말씀[성경]은 탁월하게도 하나님
의 자기 계시이며, 그리스도의 계시이고, 구원의 방도에 대한 계시이
며, 우리의 도덕적, 종교적 삶의 규정을 위한 하나님의 의지의 계시입
니다. 하나님의 말씀은 우리의 길에 빛이며, 우리의 발에 등불입니다
[시 119:105]. 이치가 이러하기에, 우리는 하나님의 말씀이 우리를 미로
에서 벗어나게 할 것이라는 소망으로 [부득이하게나마] 현대주의를 의존
할 필요가 없습니다. 현존하는 혼란의 주된 원인들 중 하나는 정확히
인간 이성을 왕좌에 올려놓은 현대주의입니다. 그리고 거기에는 일
찍이 이스라엘 백성들에게 주어진 주님의 말씀이 그들에게 적용됩니
다. "지혜롭다 하는 자들은 부끄러움을 당하며 두려워 떨다가 잡히리
라 보라 그들이 여호와의 말을 버렸으니 그들에게 무슨 지혜가 있으
랴"(렘 8:9).

현재 현대주의자들의 진영에 어떤 불일치가 있다는 것이 사실입니다. 에드윈 루이스(Edwin Lewis), 빌헬름 파우크(Wilhelm Pauck), 라인홀드 니버(Reinhold Niebuhr), H. 리처드 니버(Richard Niebuhr), 워터 M. 홀튼(Walter M. Horton), 프란시스 P. 밀러(Francis P. Miller) 그리고 해리 애머슨 포스딕(Harry Emerson fosdick) 등이 어느 정도는 과거의 현대주의에 대해 공허함을 느끼기 시작했고, 더욱 만족스러운 것을 찾고 있습니다. 그러나 그들 모두가 한결같이 신앙과 행위에 관한 최종적인 항소 법원인 성경으로 돌아가는 것을 주저합니다. 그들은 진리의 원천으로서 인간 이성의 현재 파탄을 인정하려 들지 않고, 절대 권위의 목소리에 한 번 더 귀를 기울이려고 하지를 않습니다. 그들 중 어떤 이들은 칼 바르트(Karl Barth) 아래로 분류되지만, 이 위대한 신학자조차도 이 점에 있어서는 몹시 불충분한 안내자일 뿐입니다. 그가 하나님의 말씀으로 돌아간 신학자라 불린다고는 해도, 그는 성경 자체를 하나님의 특별 계시로 간주하지는 않습니다. 그에게 있어 성경은 과거에 주어진 하나님의 계시를 증언하는 것이며, 성경의 부분들은 그것을 읽는 사람들에게 갑자기 하나님의 말씀이 될 수 있습니다. 그러나 성경 그 자체는 단지 역사적 산물, 즉 과거 계시들의 오류 있는 기록일 뿐입니다. 이러한 칼 바르트의 성경관은 고등 비평의 정형화된 주제이기도 합니다.

진정한 칼빈주의자는 바르트가 거부한 것들을 행합니다. 칼빈주의자는 하나님의 말씀 안에 놓인 객관적 토대를 확고히 주장하며, 성경을 인간에게 주신 특별 계시로 인식하고, 어린 아이와 같은 믿음으로 그 내용을 받아들입니다. 칼빈주의자는 성경 안에서 그의 종교적 삶을 위한 유일하고도 안전한 닻을 발견합니다. 어떤 자유주의자들은 공공연하게 개혁 신앙 안에서 발견될 수 있는 안정을 인정하곤 합니다. 그리고 지난 몇 십 년간의 참화 후에, 그들 중 어떤 이들이 하나님의 말씀을 받아들이는 교회를 피난처로 삼으려 했던 사실은 그리 중대한 결과를 가져오지는 못했습니다. 오히려 다수의 사람들은 여전히 인간 이성의 안내를 더 선호합니다. 과학은 여전히 그들의 우상이고, 이것은 사람을 몹시도 자신의 능력과 지혜에 대한 의식으로 도취되어, 인간은 스스로 모든 것을 할 수 있다고 느끼게 되었으며, 그의 모든 생각을 사로잡아 그리스도께 복종시키는 것을 거부하게 되었습니다. 그래서 스윈번(Algernon Charles Swinburne, 1837-1909)은 다음과 같은 신성모독적인 말로 인간에 대하여 노래하지 않았겠습니까!

"인간의 지식의 도장은 확고하고, 진리와 인간의 정신이 결합(결혼)한다네!
인간들은 소멸하지만, 인간은 지속될 것이며, 생명들이 죽지만, 생명은 죽지 않는다네!

당신은 일격을 받았습니다. 당신 하나님께서! 당신은 일격을 받으셨습니다. 당신의 죽음이 당신 위에 드리웠습니다. 오, 주시여!

인간에게 최고의 영광을 돌리라! 인간은 사물들의 주인이기 때문이니 말이다!”

현대주의는 안정적인 종교적 구조가 세워질 수 있는 견고한 기초를 결여하고 있을 뿐만 아니라, 그것은 그 자체로 완전한 혼란 속에 있습니다. 그리고 두 번의 세계 대전이 이러한 혼란을 가중시켰습니다. 어떤 자유주의자들은 여전히 이전의 행로를 고집하지만, 다른 사람들은 퉁명스럽게 과거의 자유주의는 죽었다고 선언합니다. 그들은 변하는 상황들과 경험들이 그들의 신학에 변화를 새로이 요구한다고 느낍니다. 그들은 현대주의의 방법을 유지하기를 고집하고, 경험과 인간 이성의 지시를 따르는 것을 필수적인 것으로 알지만, 그들은, 그들이 더 이상 소중히 여기던 그들의 원칙들을 유지할 수 없음을 인정합니다. 세상에 그러한 끔찍한 대혼란을 초래한 참화들은 과거의 오류들에 대해 그들의 눈을 뜨게 하였고, 명백히 경멸되던 칼빈주의의 어떤 교리들을 재강조하게 되었습니다.

하나님과 전쟁에 대한 질문은 현대주의자들에게 수수께끼가 되었습니다. 어떤 이들은, 하나님께서 전쟁과 아무런 상관이 없으시다는 생각에서 위로를 얻었습니다. 그러나 이것은 하나님께서 세상에 함께 하시며 모든 것들 안에서 행하신다는 생각과는 일치하지 않습니다. 그러나 그렇게 하나님의 사역을 제한시킬 수 없다는 것을 깨달은 사람들은 또 다른 질문에 직면했습니다. “사랑이신, 오직 사랑이신 하나님께서 그리고 죄인들에게 결코 노하지 않으시는 하나님께서 어떻게 그러한 참상을 가져오시거나 적어도 그러한 것들을 허락하실 수 있는가?" 그들 중 어떤 이들은 여기서 모순을 느끼고, 하나님의 진노를 다시 한 번 고려하고, 전쟁을 하나님의 형벌로 간주할 필요성을 강조했습니다. 그래서 하나님께서 결국 죄인에게 진노하실 수 있다는 사상이 이제는 자유주의 논문들과 정기간행물들에서 반복적으로 표현됩니다.

(또 다른 하나의 거의 잊어질 뻔 했었던 말인) "죄인"이라는 말은 이제 이전에 너무도 진보적이어서 "죄"라는 말처럼 그렇게 시대에 뒤떨어진 사상을 믿을 수 없는 사람들의 진영에서 반복해서 다시 공격을 받습니다. 그들은 자부심 안에서 인간 본연의 선함을 찬양했지만, 제1차 세계 대전 이후 줄곧 많은 자유주의 학자들이, 죄가 더욱 심각하게 다루어져야 한다는 사실을 대중들에게 상기시키고 있습니다. 세계 대전들은 그들에게 타락의 깊이를 들여다보게 했는데, 그 타락 안에서 종교뿐만 아니라 도덕성과 공중 예절까지도 찾아볼 수 없는 품귀상태가 나타났습니다. 그들 중 많은 사람들은, 인간이 전대미문의 짐승과 같은 욕망의 나락으로 추락했다고 이야기 합니다. 높아 가는 통곡 소리들은 세상 사람들에게 다시 한 번 칼뱅의 '전적 타락'(total depravity)의 교리를 상기시킵니다.

비록 어떤 이들이 여전히 즐거운 망상에 빠져있고, 그 안에서 미래의 행복에 대한 충분한 보증을 발견하지만, 거칠게 혼란을 야기하는 또 다른 하나의 망상이 바로 만국의 인간들의 동포애에 관한 것입니다. 그리스도께서만 인간의 진정한 형제애를 세우십니다. 이방인들이 인류의 형제애의 첫 현시를 목격했을 때, 그들은 감탄하는 마음으로 충만하여 이렇게 말했습니다. "보라! 그들이 얼마나 서로를 사랑하는가!" 최근 일어난 전쟁으로 인해서는 그러한 감탄이 일어날 수 없었는데, 이 전쟁 안에서 강력한 군대들은 서로 으르렁대며, 전적인 파괴에 여념이 없었습니다. 이 모습이 과연 인류의 훌륭한 동포애인가! 자유주의자들이 입을 다물고, 공포 속에서 지켜만 볼 뿐, 만국의 인간의 동포애에 관하여 이제 모두가 입을 다물고 침묵하는 것은 놀랄만한 일이 아닙니다. 어떤 이들은 우리가 이제 하나의 세계가 되었지만, 이 세계는 확실히 "소망과 교리에 있어서의 하나로서가 아니라, 자비 안에서의 하나"라는 것을 강조합니다. 만일 성경에서 명백히 가르치고, 칼뱅의 추종자들에 의해 받아들여진 어떤 것이 있다면, 전쟁은 바로 그 진리를 강조하고 있습니다. 그 진리는 그리스도를 배제한 상태에서 인간의 진정한 인류적 형제애와 같은 것은 없으며, 이러한 인류적 형제애는 결국에는 지금 세상을 아수라장으로 만들고 있는 마귀의 세력과의 결정적인 투쟁에 휘말리게 할 것입니다.

이와 관련하여, 여전한 또 다른 하나의 이상, 즉 인간의 '완전성'에 대한 이상이 철저히 부서졌다는 점도 지적되어야 합니다. 진화의 과정이 인류를 존재와 완전함에 있어 더욱 높은 수준으로 이끌고 있으며, 세계는 날마다 전보다 형편이 좋아지고 있다는 생각이 어리석게 떠오르고, 공공연하게 공표되었습니다. 그 결과로, 인간은 초자연적이고 새롭게 하시는 하나님의 은혜에 대한 필요성을 느끼지 못했고, "은혜"라는 말은 자유주의 신학에서 그 진정한 의미를 상실하고 말았습니다. 그러나 이제 자유주의의 옹호자들 중 어떤 이들은, 인간이 구원받기 위해 하나님의 은혜를 필요로 하며, 하나님의 나라는 결코 하나님 나라가 없이는 세워질 수 없다는 것을 인정할 수밖에 없다고 느낍니다. 『하나님의 은혜와 인간의 소망』(God's Grace and Man's Hope)이라는 다니엘 D. 윌리엄스(Daniel D. Williams, 1910-1973)의 최근 저작에서 이러한 사실이 목격됩니다. 미래에 희망을 두며, 하나님의 약속들로 인해 사는 사람들만이 이 어둡고 고통스러운 날들 안에서 확신을 가지고 미래를 맞이할 수 있습니다.

이 모든 사실들과 더불어 열거될 만한 또 다른 사실은, 현재의 혼란 속에서 우리가 소위 현대의 "진보적인" 신학이라 부르는 어떤 것에서가 아니라 칼빈주의 안에서 더욱 큰 확고함을 발견할 수 있다는 사실을 가르쳐 줍니다. 칼빈주의자는, 주권적이신 하나님께서 개인과 민족들의 운명을 주관하시며, 그분의 주권적 통치 안에서 그리고 그것을 통해서 모든 것을 세우시고, 교회를 보호하시며, 그분의 왕국의 도래를 촉진하신다는 확신 안에서 평온을 찾을 수 있습니다. 칼빈주의자는 그의 하나님 안에서 자신의 소유된 자들을 마음에 품으시는 한 지혜로우시고 사랑이 많으신 아버지를 바라보지만, 동시에 그분에게 영광을 돌리기를 거부하는 사람들을 벌하시는 한 의로우시고 거룩하신 심판자도 바라봅니다. 하나님의 계획이 모든 세대에 미치고, 모든 생의 변천 가운데서도 하나님께서 그의 주권적인 뜻을 성취하고 계신다는 사실을 아는 것은 그에게 크나큰 위로를 줍니다. 그는 그러한 계획을 항상 이해하지는 못할 수도 있습니다. 왜냐하면 그는 단지 하나님의 계획이 성취되는 것의 아주 작은 부분만을 목격하기 때문입니다. 그러나 그는, 하나님께서 모든 것을 합력하여 선을 이루시며, 미래의 언젠가에는 그가 이 모든 것들을 이해하게 될 것이며, 그분의 놀라운 사역에 대해 하나님께 영광을 돌리게 될 것이라는 것을 압니다. 칼빈주의자의 정서들은 잘 알려진 아름다운 찬송가 안에서 그 표현을 찾을 수 있습니다. 이 찬송가는 자주 성도들을 위해 생의 모진 풍파를 잠잠하게 해주었습니다.

"하나님께서는 신비한 방식으로 행하신다.
그분의 행하심의 경이로움이여!
그분께서는 바다에 그분의 발자취를 남기신다.
그리고 그분께서는 폭풍을 타고 다니신다.
헤아릴 수 없는 보고는 깊고,
그 보고는 결코 실패가 없는 능력에 속한 것이다.
그분께서는 그분의 찬란한 계획을 소중히 여기신다.
그리고 그분의 주권적인 뜻을 행하신다.
너희 두려워하는 성도들아 담대함을 가지라.

폭풍이 너희를 몹시 두렵게 하여도

큰 자비가 함께 하여, 그것을 멈추게 하리라.

너희의 머리 위에 복이 임하리라.

그분의 뜻은 속히 무르익게 되리니

그분의 뜻은 매 시간 펼쳐진다.

싹은 쓴 맛을 낼지 모르나

그 꽃은 달콤하리라.

눈 먼 불신은 반드시 죄를 범하게 된다.

그리고 눈 먼 불신은 하나님의 행하심을 경솔히 지나친다.

하나님께서는 그 자신의 해석자이시다.

그리고 그분께서는 그것을 분명히 하실 것이다."

Part 4

—

환멸에 빠진 세계 가운데서의
칼빈주의적 교육의 가치

우리는 사람들의 신앙이 몹시 흔들리고 있는 시대에 살고 있으며, 그들에게 손짓하고 있던 이상들이 단지 신기루에 불과하다는 것이 입증되고 있는 시대에 살고 있습니다. 한 세대의 생에서 종교적 세계가 완전한 환멸을 받게 된 것은 이번이 두 번째입니다. 우리 중 많은 사람들이, 전 세계에서 듣고, 몇 차례의 선전포고가 뒤따랐던 사라예보(Sarajevo)에서의 총성에 대한 보고의 생생한 기억을 여전히 갖고 있습니다. 수백만 명의 목숨을 앗아가고 세계의 많은 나라들이 완전히 피폐해진 끔찍한 전쟁[제1차 세계대전]이 뒤따랐습니다.

그로부터 비롯된 무기력한 염세주의가 서양 문명의 쇠퇴에 관한 오스발트 슈펭글러(Oswald Spengler, 1880-1936)의 작품에서 발견됩니다. 그는 그의 저작들 중 한 곳에서 캘러(Keller)가 말한 진실을 분명히 통감했습니다. "전쟁은 단지 군사적 패배만을 의미하지 않았습니다. 그것은 영혼의 패배였습니다." 그리고 우리는 그것이 단지 문명만을 쇠퇴시킨 것이 아니라, 이에 더하여 문명 안에 종교적 환멸(신앙 파괴)의 씨앗을 옮겨 놓았음을 말할 수 있습니다. 종교가 사람의 인생에서 가장 근본적인 것이라는 사실을 고려할 때, 이것은 가장 본질적인 의의를 갖습니다.

이에 대해 당연히 질문이 제기될 수 있습니다. 종교 전쟁이라 할 수 없는 그러한 전쟁이 왜 소위 기독교 국가들의 종교적 삶에 그렇게 방대한 영향을 끼쳤을까요? 이것은 구원에 있어 하나님의 은혜와 예수 그리스도를 믿는 신앙의 필연성에 대한 강조와 그분의 속죄하는 피에 대한 의존을 강조하는 종교개혁의 원칙들이 인간의 자율성(autonomy)과 인간 문화가 극도로 필요함을 강조하는 르네상스(the Renaissance)의 원칙과 큰 경합을 하게 되었다는 사실을 고려할 때만 이해될 수 있습니다. 이러한 사실은 『인간의 본성과 운명』(The Nature and Destiny of Man)이라는 라인홀드 니버(Reinhold Niebuhr, 1892-1971)의 최근 저작에서 매우 분명해집니다. 이러한 인본주의적 원칙들의 영향력 아래서 그것이 교황을 통해 들려지는 교회의 목소리든, 성경을 통해 들려지는 하나님의 목소리든. 외적인 권위에서 나오는 목소리는 인간에게 가치가 없는 것으로 여겨졌습니다.

르네상스 정신은 다양한 형태로 나타나는데, 모든 르네상스 정신 안에서의 강조점은 하나님에서 인간으로 옮겨졌고, 하나님의 특별 계시는 배경 정도로 강등되었으며, 인간이 역사의 근원, 표준 그리고 궁극적인 목표가 되었고, 종교와 신학은 모두 하나님 중심적이기 보다는 인간중심적인 것이 되었습니다. 그것은 여러 시대를 거쳐 눈에 띄는 표현들로 나타납니다. 예를 들면, 프랑스의 백과전서파(the French Encyclopedists)의 시대로부터, 계몽주의(the Enlightenment) 시대, 그리고 독일 관념론(the German Idealism)의 시대에 이르기까지. 신적 계시 사상은 한 번에 폐기되지 않았지만, 종종 인간과 인간적 발견에 큰 중요성을 부여하고 이러한 융합 안에서 [하나님의] 계시는 대개 차선으로 밀려나는 다른 개념들과 혼합되었습니다. 칸트(Immanuel Kant, 1724-1804)는 여전히 계시와 이성을 이야기 하지만, 그의 책 『순수 이성의 한계 내에 종교』(Religion within the Limits of Pure Reason)에서 왕좌에 앉은 것은 신적 계시가 아니라 인간의 이성입니다. 슐라이에르마허는 계시 사상을 종교적 의식 사상과 결합시켰지만, 최종적으로는 인간의 경험을 결정적인 요소로 만들어버렸습니다. 리츨(Albrecht Ritschl, 1822~1889)은 하나님 나라에 관한 예수님의 선포를 그 시대의 문화와 조화시키려 했지만, 그로 말미암은 필연적인 결론은, 문화가 곧 종교를 지배한다는 것이었습니다.

그래서 중심이 하나님으로부터 인간으로 옮겨졌습니다. 인간은 종교적 진리의 근원이며 기준이 되었고, 결국 인간의 수고와 노력의 궁극적 목적이 되었습니다. 그리고 인간은 자기 확신(self-confidence)과 자기 충족(self-sufficiency) 의식을 발달시켰습니다. 자연 과학 분야에서의 인간의 놀라운 발견들과 진보는 인간 마음속에 자신의 위대함과 능력 그리고 심지어 신성에 대한 거짓된 평가를 낳았습니다. 인간은 자신을 우주의 지배자요 운명의 통치자로 여기기 시작했습니다. 헨리(Henley)는 "무적"(Invictus)라는 제목으로 이렇게 노래합니다.

"관문이 얼마나 곧은지는 문제가 되지 않아
두루마리를 형벌로 얼마나 채웠는지도 문제가 되지 않아
나는 내 운명의 주인이니까!
나는 내 영혼의 선장이니까!"

세계의 종교 세력들은 이러한 정신에 저항력을 가지고 있지 못합니다. 그들이 그 시대의 대중적인 철학들의 지침을 따르고, 신학 연구에 경험적 방법을 적용하며, 대중이 교회로부터 멀어질 정도로까지 인간 문화로부터 지휘를 받음으로, 기독교 종교를 교화된 계층들에게 받아들여질 수 있는 것으로 만드는 것을 목적으로 삼으려고 하면 할수록, 그들의 종교는 더욱 더 인간 중심이 되었습니다. 즉, 하나님의 영광이 아니라 인간의 행복이 인생의 주된 목적으로 간주되었습니다. 자신의 가치와 능력, 자신의 선함과 덕에 대한 의식에 도취되어, 그들은 자신을 무한자(the Infinite)와 매우 조화될 뿐만 아니라 하나님과 연계되는 존재라고까지 느낍니다.

그들은 성경이 우리에게 소개하는 내세적인 종교를 이 시공간의 세계 지평에 제약하고, 인간의 구원을 현세의 문제로 만드는 종교로 바꾸어버렸습니다. 자만에 찬 확신 안에서 그들은 하나님 나라의 종말론적 성격을 염두에 두지 않고, 지금 여기에 하나님 나라를 세우는 것을 자신들의 굉장한 과업으로 여깁니다. 자기기만에서 유래하는 영웅주의로 그들은 고지를 점령하고, 세상을 도덕적으로나 종교적으로 개선하며, 사회복음, 하나님의 보편적 부성애의 복음 그리고 인간의 보편 형제애를 설교함으로, 국가들을 교화하고, 대중을 교육하며, 더 낳은 생활로 환경을 개선하므로, 그리고 선한 법의 반포를 통해 하나님 나라로 안내하고자 했습니다. 더 훌륭한 사회 구조에서 인간들은 당연히 우회할 것이라고 기대했습니다. 그들이 생각하기에는 그들이 잘 지어가는 것 같았고, 빠른 진전으로 그들의 이상에 다가가는 듯 했으며, 천년(millennium)의 이상 실현을 코앞에 두고 있는 듯 했습니다. 그러나 이윽고 전쟁[세계대전]이 발발했고 그들의 희망의 집은 허물어져버렸습니다.

그로 말미암은 당혹스러움은 대단했고, 끔찍한 환멸감이 몰려왔습니다. 자기 확신은 인간 이성의 불신으로 대체되었습니다. [역사의] 주연들 중 어떤 이들은 로마 카톨릭교회의 권위에 지원을 구했고, 어떤 이들은 정통 개신교회로 돌아가 그들의 비틀대는 정신의 힘을 회복하고자 했으며, 어떤 이들은 여전한 절망 속에서 자살을 택했습니다. 그 뒤로 어떤 부분에 있어 상당한 감소가 있어왔습니다. 이전의 입장들이 길을 비켜주었고, 더욱 변호할 만한 다른 입장들이 제시되었습니다. 하나님의 권위 있는 말씀으로 돌아가야 하는 필연성이 어떤 이들에 의해 분명하게 인정되었지만, 그것이 무오한 하나님의 말씀으로서의 성경에 대한 인식을 필연적으로 포함하지는 않았습니다. 이것은 현대주의(the Modernism)가 근본적으로 변화했다는 것을 의미하지 않습니다. 유대인 대학살(holocaust)의 첫 충격이 끝나고 대부분의 폐허가 정돈된 이후, 처음에는 기죽은 모습으로 폐허의 재건이 시작되었지만, 그 이후로 더 대담하게 옛 기초 위에 그리고 입증된 방법에 따라 단지 과거의 붕괴가 필요로 할 것 같은 상부구조의 그러한 변화들을 도입할 뿐입니다. 많은 경우에 있어서 세계 대전의 참사와 교훈들은 곧 망각되었습니다. 인간은 여전히 자신을 몹시도 만사의 주인으로 여기며, 이러한 확신은 인본주의(Humanism)의 대담한 표현들에서 발견됩니다. 하지만 그 필연적인 결과라고는, 오늘날 일어난 전쟁이 종교적인 혼란을 가중시켰고, 이전의 전쟁보다 더욱 큰 환멸을 가져올 수밖에 없었다는 것입니다. 이것은 이미 명백해 졌고, 해가 거듭해 감에 따라 더욱 더 분명해져 갑니다. 종교적으로, 우리의 졸업생들은 환멸을 느끼게 하는 세계를 직면해야만 할 것입니다.

현대인이 가장 선호하는 사상 중 몇 가지를 간략하게 생각해 봅시다. 이러한 사상들은, 결국 이 대대적인 살육이 멈추고 전쟁의 구름이 걷히면, 매우 큰 혼란을 일으킬 것입니다. 그리고 동시에 이러한 사상들은 하나님의 말씀의 가르침을 신앙으로 받아들이는 칼빈주의자가 그러한 혼돈에 빠져들지 않는 이유들을 알게 할 것입니다.

흔히 모든 이단들이 하나님에 대한 잘못된 개념에 뿌리를 두고 있다고 말합니다. 그리고 역사는 반복적으로 이 말이 진실임을 입증하곤 합니다. 그러므로 우리가 이러한 관점에서 시작한다면, 그것은 놀랄만한 일이 아닙니다. 현대 신학자들의 저작들을 읽을 때, 사람들은 반복해서 "그들이 하나님을 느끼고 하나님을 찾는다면," 하나님을 찾을 방도에 대해 하나님의 특별 계시를 알지 못하는 자들을 존중하는 바울의 말을 상기하게 됩니다. 자유주의 학자들은 하나님의 말씀이란 확실한 토대를 버리고서는, 하나님을 찾고 그분의 존재를 묘사하려고 더듬고 있습니다. 사실 어떤 이들은 그의 존재하심에 대해 불가지론적 입장을 취하며, "하나님"이란 용어를 단순히 어떤 물질적, 혹은 영적인 힘 내지는 능력에 대한 상징적 칭호 정도로 여깁니다. 다른 이들은 하나님의 존재를 믿지만, 그분에 대하여 잘못된 개념을 가집니다. 이 시대에 유포되고 있는 하나님에 관한 잘못된 견해들 중 어떤 것들은 특별한 주의를 기울일만합니다. 왜냐하면 그것들은 현대인들의 [하나님에 대한] 혼란을 반드시 가중시킬 것이기 때문입니다.

우선 하나님의 내재성(the immanence of God)에 대해 대중적이며 널리 받아들여지고 편파적인 강조를 볼 수 있는데, 이것은 하나님의 초월성(the transcendence)에 대한 부정과 관련되고, 종종 범신론(Pantheism)적 관점에서 강조됩니다. 그것은 하나님과 세계 사이의 차이를 모호하게 하며, 특별히 인간을 하나님의 연속으로 만드는 경향이 있어, 인간의 신성과 하나님의 인성을 주장하는 것이 매우 적절한 것처럼 됩니다. [그러한 관점에서] 후자[인성을 지닌 하나님]는 우주의 정신이며, 자연의 모든 과정에서 작용할 뿐만 아니라, 일관되게 연출된 인간의 모든 작품의 직접적이고 신뢰할만한 창시자이시기도 합니다. 그분께서는 우주정신으로서 세계에 갇혀 계시며, 세계 위에 주권적인 위엄으로 서계시지는 않습니다. 심지어 그분의 인격성마저도 의심되어, 그분께서 인간보다 열등한 존재가 아니신가 하는 의문이 제기되기까지 합니다.

또한 사랑으로서의 하나님에 대한 균형 잡히지 않은 생각, 곧 하나님께서 단지 사랑이시기만 하다는 생각이 존재합니다. 이러한 생각은, 하나님께서 거룩하시며 의로우시기도 하다는 사실을 놓칩니다. [이와 관련하여] 흔히 볼 수 있는 생각은, 하나님께서 모든 인간들을 그분의 사랑스러운 자녀들로 여기시며, 그들 모두를 구원하려는 사랑으로 사랑하신다는 것입니다. 그분께서는 그들을 구분의 사랑의 표들로 둘러싸시며, 그들의 마음에서 응답적인 사랑을 일깨우기 위해 그분의 독생자를 보내신 사건 안에서 이 사랑을 최고로 드러내셨다고 봅니다. 그분의 전체적이고 포괄적인 한 가지 목적은, 잘못을 저지른 그 분의 모든 자녀들을 집으로 이끌어주시는 것입니다. 이러한 취지의 생각 안에 하나님의 진노에 대한 사상의 여지는 없습니다. 자유주의 진영에서 여전히 그 영향력이 중시되는 리츨(Ritschl)은, 그들의 고집 안에 완고함을 남긴 사람들의 소멸 가능성만 제외하고, 하나님께서 결코 죄인에게 진노하시지 않으셨고 또 지금도 진노하시지 않으시며, 그분의 사고 체계 안에 하나님의 진노에 대한 그 어떤 표명의 여지도 없다는 데에 특별한 주의를 환기시키는 것을 불가피한 것으로 여깁니다. 특히 제1차 세계대전 당시 표현된 사상, "세계를 안전하게 만들기 위한 민주주의를 위한 거대한 투쟁"이라는 또 다른 사상이 여전히 여기에서 제기될만했습니다.

모든 독재적인 통치자들에 대한 일반적 혐오와 관련하여, 하나님에 관한 전통적인 기독교의 고백들, 즉 그분의 말씀이 곧 법이 되며, 그분의 명령을 범하면 형벌을 받게 되는 우주의 주권적 통치자를 그 권좌에서 몰아내는 것이 필연적인 것으로 여겨졌고, 하나님을 민주적인 하나님, 즉 모든 인간들의 종이 되므로 인간들에게 의무를 지고 계신 하나님으로 대체되는 것을 필연적인 것으로 여겼습니다. 그러한 하나님께서는 인간들에 의해 책임을 추궁당할 수도 있으며, 만일에 하나님께서 그들의 욕망을 만족시키지 않으시면 당연히 그들의 원성을 살 수 있는 그런 하나님이 되어버립니다. 나치당(Nazis)이 성경의 하나님을 버리는데 여념이 없었던 이유들 중 하나도, 하나님께서 앞선 전쟁에서 독일인들을 돕지 않으셨다는 사실에 있었습니다.

하나님에 관한 그러한 사상의 유행이 당혹스러운 질문들로 이어지는 것이 무슨 이상한 일이겠습니까? 새로운 무기와 고문의 방법을 개발할 때 나타나는 증오, 잔인성, 짐승 같은 욕망 그리고 악마 같은 교묘함이, 내재하시는 하나님의 현현으로 여겨질 수 있을까요? 왜 사랑의 하나님께서 이 부당한 파괴, 수많은 사람들에 대한 학살, 무고한 여성과 아이들의 고통과 괴로움, 많은 경우 불경기에 굶어 죽는 것, 죄를 범하지 않고서도 유죄판결이 된 많은 사람들의 투옥, 치밀하거나 잔인한 고문, 그리고 진정으로 하나님을 섬기는 사람들의 박해와 순교에 종지부를 찍지 않으시는 것일까요? 아마도 하나님께서 민족들 중에 사납게 날뛰는 자들을 저지하실 힘이 없으시거나, 하나님의 사랑이 사기에 불과하여 그분께서 결국 그분의 사랑하는 자녀들의 고통에 매우 무관심하기 때문일까요? 하나님께서는 모든 사람들의 종이 되셔서, 그러한 의무 안에서 그분께 충성할 의무를 가진 사람들의 보호와 해방을 위해 강력한 팔을 뻗치셔야만 하며, 아낌없이 주는 손으로 그들에게 평화와 풍요의 복을 제공하셔야만 한다는 사실을 깨닫지 못하시는 것일까요?

칼빈주의자들이 이러한 혼란과 환멸에 빠질 필요가 없음을 하나님께 감사드립니다! 칼빈주의자는 하나님께서 우주의 주권적인 통치자이심과 하나님께서 그분의 창조의 모든 부분에 임재하시지만, 어떤 의미에서 하나님께서 그것들과 동일하지 않으시며, 또한 하나님께서 그분의 모든 피조물을 초월하는 무한한 위엄으로 경배를 받으신다는 견고한 확신에 서 있습니다. 칼빈주의자는 모든 것의 절대적인 주님으로서의 하나님께서, 그분의 의지의 경륜을 따라 모든 것들을 운행하시며, 그분의 선하신 기쁨을 따라 천군과 지상의 거민들을 다스리시고, 죽을 인생에게 그분의 사역에 대해 어떠한 설명도 하시지 않으시며 또한 그럴 필요도 없으신 분이심을 인식합니다. 칼빈주의자는 하나님께서 사랑이시라는 신앙고백에 있어 하나가 되지만, 동시에 그분께서는 또한 공의로우시고 거룩하시며, 소멸하는 불이시라는 점을 그 신앙고백에 덧붙입니다. 칼빈주의자는 하나님께서 매일 죄인에게 진노하시고, 인간의 사악함이 극에 달아, 하나님께서 세상 위에 그분의 진노의 잔을 부으실 필요가 있다는 사실에 유념합니다. 그리고 현재와 같은 시대에, 칼빈주의자는 공의로우시고 거룩하신 하나님 앞에 경외심을 가지고 서며, 참회하고 뉘우치는 마음으로 하나님 앞에 머리를 조아립니다.

그러나 현재 만연된 환멸을 야기한 또 다른 잘못된 견해들이 있으니, 우리는 이것들을 서둘러 살펴보아야 합니다. 저는 무엇보다 현대인들의 자긍심(self-esteem)과 자기 확신(self-confidence)에 대해 생각해보고자 합니다. 소크라테스는 "네 자신을 알라"는 격언 안에서 그의 윤리적 가르침의 온당한 출발점을 발견했습니다. 그리고 이처럼 중요한 원칙을 그들 중 많은 사람들이 상실했다는 사실이 인간의 지식 추구에 있어 가장 큰 장애요인 중 하나가 되어왔습니다. 이러한 무관심과 결함은 과거에 대한 실망을 일으켰고, 반드시 미래에 대한 환멸로 이어집니다. 현대인들은 오랫동안 자신의 선함에 대해 과장된 생각을 가져왔고, 비교적 최근에는 세계에서의 자신의 우월성이란 생각에 도취되었습니다.

루소(Jean Jacques Rousseau, 1712-1778)의 시대 이후로, 인간이 선천적으로 선한 본성을 타고 났다는 믿음이 만연했습니다. 그러므로 교육은 인간을 선하게 만들지 못하고, 다만 인간을 현명하게 만들뿐입니다. 과학과 문화는 인간의 적절한 발전을 지연시키고, 그의 진정한 자아의 자연적 성장을 일그러뜨립니다. 이러한 생각들은 바로 감상적인 프랑스인의 'pet ideas'[인간에게 의가 부여되는 사상]의 일부였습니다. 인간의 자연적 선함에 대한 허울 좋은 교리는 대중들에게 큰 호소력을 보여주었고, 대중들의 의식에서 또 다른 위대한 제네바의 사람 장 칼뱅의 인간에 대한 비관적인 견해를 퇴거시켰습니다. 장 칼뱅은 인간이 전적으로 타락하여 하나님의 구원하시는 은혜를 떠나 어떤 영적인 선도 전혀 행할 수 없다고 여겼습니다. 그러나 루소의 사상이 많은 교회들로 흘러들어 가서, 마침내 많은 사람들이 죄인으로 불리는 것을 싫어했고, 설교자들은 곧 그들의 교구민들에게 죄인이라는 칭호를 당연하게 사용할 용기를 상실했습니다.

여기에 또 다른 내용이 더해져야 할 것 같습니다. 현대적 발견들과 자연과학의 빠르고 경이로운 발전의 영향 아래, 인간은 우월감 콤플렉스(superiority complex)를 키웠습니다. 인간은 자신이 한 때 생각했던 것만큼 하나님이 필요하지 않다는 것을 발견했고, 마침내 자신을 우주의 주인이라고 느끼기 시작했습니다. 그는 군주처럼 고속도로를 따라 빠르게 질주하는가 하면, 바다의 항로를 통해 산 위를 날고 대양의 깊은 곳을 횡단하기도 합니다. 지칠 줄 모르는 산업에 의해, 인간은 생활수준을 높여, 생활의 편리를 더했고, 사치를 증대시켰습니다. 그리고 인간은 여전히 더 높은 곳까지 그 섬광을 따르고 있습니다. 인간은 질병을 차례로 정복하고 있으며, 지금도 기적 같은 수술을 집도하고 있습니다. 그 모든 것의 결과는 인간이 기도에 소원하여지며, 문제가 있을 때는 하나님보다 과학을 바라보게 된다는 것입니다. 즉, 인간은 자부심에 빠져서 더욱 자기도취에 빠지고, 자만 속에서 그 어떤 혹은 모든 위기들을 잘 대처할 수 있다고 느끼게 됩니다.

이것이 다가 아닙니다. 종교의 진영에서, 사람들은 얼마 전부터 인간의 신성에 대해 말해오고 있고, 지금도 여전히 자유롭게 말하고 있습니다. 이것은 단순히 인간 안에서의 하나님의 내재에 대한 보편적이지만 오도하는 교리의 결과물일 뿐이며, 이 사상은 하나님의 말씀에 근원을 두고 있지 않고, 정체성(identity)에 있어 헤겔(Georg Wilhelm Friedrich Hegel, 1770-1831) 철학에 그 근원을 두고 있습니다. 그 존재의 깊이에 있어, 인간은 자신을 하나님과 하나인 것으로 느낍니다. 인간은 그 자신, 무한하시고 모든 피조물들을 초월하시어 위엄 있는 거룩하심을 가지신 하나님을 분리시키며, 오토(Rudolf Otto, 1869-1937)가 그의 『신성한 존재』(Das Heilige)에서 그 거리에 대해 말한 한없는 거리를 의식하지는 못하지만, 하나님과의 매우 친밀한 관계를 존중합니다. 인간에게 있어 예수 그리스도께서는 단지 신적 인간의 뛰어난 모범일 뿐입니다. 스윈번(Algernon Charles Swinburne 1837-1909)은 이렇게 노래합니다.

"너와 나는 신이 아니니, 그도 한 동안 인간으로 만들어지지는 않았지.
신이 거기 계시다면, 하나님께서는 인간인 인간들의 실체라고."

그러한 사상들로 가득 찬 인간이 혼란스러워 해야 한다는 것이 이상하지 않습니까? 다음과 같은 질문들이 자연스럽게 제기될 것이라는 것을 여러분들은 상상할 수 없나요? 만일 인간이 선천적으로 선하다면, 지금 목격하고 있는 것과 같은 증오와 이기심과 복수심의 끔찍한 분출들을 우리는 어떻게 설명할 수 있을까요? 그렇게 선한 인간들이 어떻게 지금 서로의 목을 조르려 덤벼들고, 가장 잔인한 고문 속에서 환희를 느낄 수가 있단 말입니까? 이와 같은 대대적 살육은 진정 인간 안에 존재하는 신성의 발로일까요? 아니면 그것들이 인간의 짐승과 같은 욕망을 더욱 증거 하는 것일까요? 그처럼 선한 사람들이 지금 과학적 발견들과 놀라운 발명들의 결실들을 파괴의 도구로 뒤바꾸어 놓는 것이 어떻게 가능할까요? 그리고 그처럼 자랑스럽고 자랑스럽던 "만물의 영장"(the lord of the creation)은 어디에 있는지요? 왜 인간은 이 대학살을 막기 위해 그의 강력하고 선한 손을 뻗지 않는 것일까요? 그리고 왜 인간은 그의 지혜로 사람들과 나라들 가운데 평화를 지속할 길을 밝히지 않는 것일까요? 그것은, 그가 자신을 너무 과대평가했으며, 이제 그가 어떤 더 높은 권세에 의존하고 있다는 것을 인정해야 한다는 것일 수 있을까요? 사실 이러한 것들은 제기되고 있는 당혹스러운 질문들의 일부분일 뿐입니다.

물론, 칼빈주의자들 역시 이 전쟁과 관련하여 문제의식을 가지고 있어야 한다고 말할 수 있을지 모르겠습니다. 그리고 이것은 부정될 수 없습니다. 칼빈주의자는, 그 자신을 (어떤 사람들이 그렇게 하는 것처럼) 하나님께서 이 전쟁의 발발과 아무런 관련이 없다고 주장하며, 그 정도까지의 하나님의 섭리적 통치를 배제해버리는 사람들보다 더 높은 수준에 놓습니다. 그는 인간의 어리석음과 국가들의 미친 듯이 날뛰는 것의 배후에서 그의 하나님의 손길을 봅니다. 그에게 이처럼 거대한 싸움은 단지 그 시대의 신적 계획의 실현의 한 부분일 뿐이며, 이는 그분의 이름을 위해 나라들로부터 한 백성을 불러내시는 계획을 포함하고 있습니다. 칼빈주의자는, 국가들의 분노조차도 하나님의 목적의 성취를 위한 하나님의 손에 들린 강력한 무기라는 사실을 압니다. 그러나 이러한 전쟁과 관련하여서는 칼빈주의자가 해결할 수 없는 많은 문제들이 있고, 칼빈주의자가 속히 답하지 못할 많은 질문들이 있습니다. 예를 들어 이러한 전쟁이 하나님의 구속 사역에서 담당하는 정확한 역할에 대한 질문, 사회의 공동적인 책임에 대한 질문, 그리고 악인들과 함께 더불어서 겪는 의로운 자들의 고통의 문제와 같은 것들이 그것입니다. 그러나 동시에 우리가 언급했던 많은 문제들이 칼빈주의자들만의 문제는 아닙니다.

하나님의 말씀과 인생의 비참한 경험들에 의해 배울 때, 칼빈주의자는 사람에 대한 다른 개념을 갖습니다. 그는 인간의 선천적으로 선함을 믿지 않고, 인간을 온갖 악행을 저지르기 쉬운 죄인으로 여깁니다. 칼빈주의자는 하나님의 형상이 사람 안에서 전적으로 제거되었다는 바르트주의의 견해를 공유하지 않는 동시에, 그것의 잔재가 당연하게 자연인이 선하고 의로운 것을 행하도록 할 것이라는 기대를 정당화할 수 있다고 믿지 않으며, 더군다나 [하나님의 형상의 잔재가 남겨진] 인간이 개인적이고 사회적인 삶 모두에서 신적 의지에 복종하여 하나님의 율법을 준수하는 것을 고려하리라고는 더욱 믿지 않습니다. 그 대신에, 칼빈주의자는 다음과 같은 바울의 말씀에 주의를 기울입니다. "깨닫는 자도 없고 하나님을 찾는 자도 없고 다 치우쳐 함께 무익

하게 되고 선을 행하는 자는 없나니 하나도 없도다 그들의 목구멍은 열린 무덤이요 그 혀로는 속임을 일삼으며 그 입술에는 독사의 독이 있고 그 입에는 저주와 악독이 가득하고 그 발은 피 흘리는데 빠른지라 파멸과 고생이 그 길에 있어 평강의 길을 알지 못하였고 그들의 눈앞에 하나님을 두려워함이 없느니라"[롬 3:11-18]. 이와 같은 성경적 관점은 우리의 경험에 의해 너무도 분명하게 확인되어서, 심지어 일부 현대주의자들조차도 이제 인간이 선천적으로 선하다는 것에 대한 교리가 잘 속는 세상에 뿌려진 가장 치명적인 거짓말 중의 하나라고 말하기를 주저하지 않습니다.

그리고 만일 칼빈주의자가 인간이 선천적으로 선하다는 교리에 찬성하지 않는다면, 더욱이 인간의 본질적인 신성에 관한 현대 일원론 철학(monistic philosophy)의 가르침을 그는 더욱 더 받아들이지 않습니다. 이 가르침은 하나님의 말씀에 대해 전적으로 이질적입니다. 성경은 어디에서도 인간의 신성을 가르치지 않을뿐더러, 또한 인간의 도덕적이고 영적인 행위가 그것의 어떤 증거가 되지 못합니다. 인간이 하나님의 형상을 따라 창조되었을 때, 무흠의 상태에서 제한된 정도로 하나님을 닮았었지만, 인간은 많은 사람들이 인간에게 신성을 돌리는 의미에서 결코 신적이지 않았습니다. 그리고 그 하나님을 닮은 것조차도 인류의 도덕적이고 종교적인 삶에 결정적인 영향력을 미치는 것에 있어 거의 아무 것도 남아있지 않습니다. 하나님의 형상이 원칙적으로 인간 안에 회복되는 것과 인간들이 베드로의 말씀 안에서 언급된 "신의 성품에 참여하는 자"[벧후 1:4], 즉 내주하시는 하나님의 성령에 의해 그들의 마음에서 역사하는 거룩, 진리, 그리고 사랑의 참여자가 되는 것은 하나님의 새롭게 하시는 은혜에 의해서만 가능합니다. 우리는 인간의 신성을 믿지 않기 때문에, 우리는 많은 인간들의 통렬한 낙담에 영향을 받지 않습니다.

또한 칼빈주의자는 세상을 바로잡을만한 인간의 능력을 믿지도 않습니다. 하나님의 일반은총 때문에, 인간은 자연의 영역에서, 자연의 능력들을 제어하는데 있어, 질병과 싸우는데 있어, 인간의 생산성을 더하는데 있어, 그리고 삶의 편리와 즐거움을 증대하는데 있어서 놀랄만한 성취를 이룰 수 있었지만, 이 모든 것들은 도덕적으로나 종교적으로 인류를 개선시킬 수 있는 능력, 즉 개인과 국가 간의 더 훌륭한 관계, 의에 기초하고 평화로 관을 쓴 질서의 확립에 있어 절대적으로 본질적인 그것에 대한 어떤 증거도 포함하고 있지 않습니다. 반면에 인류의 도덕적 발전이 물질적 진보와 어깨를 나란히 하지 않는다는 점이 반복적으로 지적되어 왔습니다. 이점에 있어 인간의 완전한 실패가 전쟁으로 인해 사무쳤습니다. 많은 사람들이 이것에 대경실색했지만, 본성적으로 인간이 영적으로 무력하며, 인간이 다만 아주 의존적인 피조물에 지나지 않으며, 자만심으로 인간이 하나님을 망각해왔고, 물질적 번영 안에서 인간이 삶의 더 중요한 것들을 잃어버렸다는 점을 인식하지 못했습니다. 우리는 예레미야와 함께 이렇게 말합니다. "보라 그들이 여호와의 말을 버렸으니 그들에게 무슨 지혜가 있으랴"(렘 8:9).

지난 백 년 동안 상당한 호의를 얻은 또 다른 노선의 사상이 있는
데, 이는 사실상 전 세계 국가들이 연루되어 있고, 과거 문명 전체를
위협하는 이 세계 전쟁의 결과로 다시금 끔찍스런 충격을 받고 있습
니다. 그것은 진화 이론에 의해 제시된 노선의 사상인데, 이 사상 안
에서 진화의 철학이 인류 진보의 역사에 적용되었고, 그리고는 물질
뿐만 아니라 도덕적이고 영적인 발전에까지 적용되었습니다. 현재 우
리의 관심은 특별히 어떤 초자연적인 요소의 작용이 없이, 완전히 자
연적 과정에 의해서만 인류가 천천히, 그렇지만 확실하게 도덕적이고
영적인 완전함의 극치에 이르고 있다는 생각에 있습니다. 이것은 그
안에서 인간이 순전히 수동적이지 않고 능동적인 과정으로 이해되어
야 하며, 그리고 그 과정의 상대적인 속도가 인간의 행위에 의존하는
과정으로 이해되어야 합니다. 인간이 높은 지능의 원숭이 중에서 지
금은 멸종한 어떤 종의 후손이며, 원래는 숲에서 거주했으며, 네 발로
걸어 다녔고, 나무 위에 사는 습관을 가졌다고 생각한다면, 인간은 이
미 크게 발전한 것이며, 순전히 자연적인 방식으로 놀라운 진보를 이
룬 것입니다. 만일 인간이 자의식과 책임감 있는 존재의 단계에 도달
한 후, 진화 과정을 따라 돕기 위해 더 많이 노력한 것이라고 한다면,
그 진보가 더 컸을 것이니 말입니다. 라우센부쉬(Walter Rauschenbush,
1861-1918)는, 만일 인간이 그 점에 대해서 더욱 주의를 기울였다면, 심
지어 지금 우리는 천사와 같은 수준에서 이야기를 나누고 있을 것이

라고 말합니다. 현재의 문명인은 동물의 상태를 뒤로 멀리 남기고, 야만인(Barbarian)으로부터 대단한 지적 능력과 예리한 도덕적 책임 의식 그리고 심지어 깊은 종교적 감정과 열망을 가진 매우 존경할만한 인간으로 변했다는 것입니다. 그리고 그는 세월이 지날수록 진보하며, 여전히 앞으로 전진 합니다. 바로 지금, 그는 과거에 자신을 특징 지웠던 개인주의에서 벗어나, 더 큰 상호 의무와 책임 의식을 가진 진정한 사회적 존재로 발전하고 있으며, 하나님의 나라로 불릴만한 보편적인 형제애를 세우기를 갈망하고 있습니다. 형제애는 사랑의 끈으로 결합시키고, 그 모든 사랑의 행위에 의해 자극을 받습니다. 그리고 하나님 나라는 정의 위에 세워지고, 영원한 평화의 복을 누리게 합니다. 지상에서 이러한 [하나님] 나라의 진보는 웅장한 이상이며, 동시에 인간의 의무이자 큰 특권입니다. 많은 사람들에 따르면, 그것은 인간의 자녀들을 위해 준비된 유일한 구원입니다. 우리는, 우리가 내세적 종교 사상으로부터 벗어나야 하며, 그것을 전적으로 현세의 문제로 만들어야 한다는 말을 반복적으로 듣습니다. 인간이 지상에 그러한 왕국을 세우는 것이 가능할 뿐만 아니라 그것에 대한 계획이 이미 완전해지고 있으며, 그 이상은 실제로 우리 손에 쥐어져 있고, 곧 실현될 것이라는 생각이 널리 퍼져있습니다. 그러므로 한편의 시가 이처럼 감동적인 언어로 그러한 미래에 대해 노래합니다.

"이러한 일들이 일어날 것입니다.
세상 그 어느 때보다도 더욱더 숭고한 인류는

그들의 영혼에 자유의 불꽃이 타 오르고,

그들의 눈 속에 지식의 빛이 비추일 것을 알고 있었습니다.

그들은 친절하고 용감하고 강할 것입니다.

그들은 한 방울의 피도 흘리지 않지만,

땅과 불, 그리고 바다 그리고 대기에

인간의 주권을 견고히 세울 모든 것을 주저 없이 행할 것입니다.

비무장한 민족과 민족, 영토와 영토가

동지로서 자유로이 살아갈 것입니다.

모든 심장과 뇌에서 한 형제애의 맥박이 고동치게 될 것입니다.

지상 전체가 낙원이 될 때,

새로운 예술은 더 숭고한 자태로 꽃 필 것이고,

더욱더 웅장한 음악이 하늘에 울려 퍼질 것이고,

모든 인생은 노래가 될 것입니다.

그것들은 꿈이 아니랍니다.

우리가 떠나가고 나면

더욱 더 행복한 사람들을 위해 이러한 것들이 실현될 것입니다.

그들을 위한 이러한 황금시대가 밝아 올 것입니다.

우리는 초월적인 그 무엇인가를 응시합니다."

(John Addington Symonds)

세상에 닥쳐온 현재의 재앙 가운데서 이러한 낙관적인 희망은 무엇을 의미할까요? 그것들은 이미 사막의 신기루처럼 사라지지 않았습니까? 환멸을 느낀 사람들의 마음속에 이와 같이 많은 질문들이 일어나지 않았습니까? 현대인들이 야만적인 행위를 멀리 뒤로 했다는 것이 사실입니까? 보편적으로 인간들이 도덕적으로 그리고 심지어 종교적으로 진보했다는 생각을 인류 역사는 확증하는지요? 이 현 세대의 사람들이 이전 세대 보다 더욱 의로워지고, 더욱 관대해지고, 더욱 형제애로 친밀해진 것일까요? 그리고 그들의 모든 행위가 사랑의 동기로 지배되고 있을까요? 이 전쟁은 지금까지 다루어온 형제애와는 매우 다른 어떤 것을 증거하고 있지 않습니까? 그리고 만일 인간들이 기대할 수 있는 유일한 구원이 인간의 손으로 지상에 세워진 하나님 나라를 누리는 것이라고 한다면, 이러한 구원은 여전히 우리와 멀리 떨어져 있는 것이 아닌가요? 그리고 이러한 구원은 현재의 세대가 그것을 누리기를 소망할 수 있는 것인지요?

이와 같은 모든 질문들은 칼빈주의자가 공유할 수 없는 실망과 환멸을 증명합니다. 칼빈주의자는 인간이 완전한 자연적 과정에 의해 도덕적으로나 영적으로 더욱 높은 수준에 점진적으로 이르게 되는 피조물로 여기지를 않습니다. 칼빈주의자는 은혜를 떠나서도 증대되는 물질적 번영, 위대한 지적인 성취, 매우 피상적인 문화 그리고 외적으로 훌륭한 태도, 그리고 심지어 형식적인 종교와 훌륭한 예배 의식의 웅장한 표현까지도 존재할 수가 있다고 생각하지만, 그는 또한 이 모든 것에도 불구하고 인간 마음의 내적 부패가 여전히 존재하며, 적그리스도의 영에 의해 지배되는 악의 나라가 점진적으로 진보하며 존재한다는 사실을 가슴 아프게 인식합니다. 그러한 악의 나라는 때때로 증대되는 광포함 가운데서, 그리고 더욱 큰 규모로 그 자신을 드러내기 마련이며, 마침내 죄악 된 인간의 출현으로 무르익게 될 것입니다. 칼빈주의자는 인간의 보편적인 형제애를 기대하지 않을 뿐만 아니라 인간이 하나님의 나라를 세울 것이라고 기대하지도 않습니다. 왜냐하면 그것은 하나님께 속한 일이며, 그야말로 전적으로 하나님께만 속한 일이기 때문입니다. 칼빈주의자에게 그 왕국은 한편으로는 현재적 실재로서, 그는 지금 그 현재적 실재의 시민이며, 그는 이미 그 현재적 실재 안에서 구원을 확신합니다. 그러나 다른 한편으로는 그 왕국이 예수 그리스도의 재림의 때에 실현될 미래적 소망입니다. 예수님의 재림 때에, 하늘과 땅이 사라질 것이고, 새 하늘과 새 땅 그리고 의와 화평의 나라가 있을 것입니다. 이사야서에 따르면, 인간들의 생애 안에서 그토록 바라던 변화가 오직 부어진 하나님의 영의 역사에서 비롯됩니다. 성령님께서 일하실 때, "그 때에 정의가 광야에 거하며 공의가 아름다운 밭에 거하리니 공의의 열매는 화평이요 공의의 결과는 영원한 평안과 안전"[사 32:16, 17]인 것입니다.

마지막으로, 저는 또 다른 하나의 교리에 여러분의 주의를 환기시키려고 하는데, 그 교리는 지난 50년 동안 매우 유명해졌고, 지금은 많은 당혹스러운 질문들을 야기할 것이며, 많은 사람들의 가슴속에 좌절과 환멸의 감정을 일으킬 것입니다. 저는 '사회 복음'의 교리를 지상에 하나님의 나라를 세우기 위한 길을 제시하는 하나의 복음으로 표현합니다. 이 복음의 기저를 이루는 가정은, 인간이 완전한 사람, 예수 그리스도의 모범의 영감 아래 있는 하나님 나라를 세울 능력을 소유하고 있다는 것입니다. 그것의 근본적인 입장은, 설교자들이 그들의 소중한 시간을 타는 불 속에서 몇 몇 불씨를 가로채려 시간을 보내서는 안 되고, 불을 끄기 위해 모든 노력을 다 해야 한다는 것입니다. 설교자들은 사회조직, 즉 사람들이 하루하루 활동하는 환경을 변화시키려 해야 합니다. 왜냐하면 인간들은 일반적으로 악한 환경 속에서 선해질 수 없고, 선한 환경 속에서 악해 질 수 없기 때문입니다. [사회 복음에 따르면] 만일 정의로운 사회적 관계들이 사회조직의 여러 영역에 세워진다면, 인간들은 당연히 오리가 물가로 가는 것처럼 바른 쪽으로 돌아설 것입니다. 이것은, 그것을 구성하는 개인들이 변화되기 전에, 사회가 먼저 변화되어야 한다는 의미입니다.

그렇다면, 사회의 개혁과 세상의 갱신을 위해서 사회 복음에 의해 제시된 수단은 어떤 것일까요? 일단 예수 그리스도의 속죄하는 피를 통한 구속의 복음은 아닙니다. 이것은 전적으로 한물간 것입니다. 성령의 역사를 통한 하나님의 새롭게 하시는 은혜의 복음도 아닙니다. 왜냐하면 인간은 진정 어떤 초자연적 갱신을 필요로 하지 않고, 더 훌륭한 교육, 적절한 지도, 그리고 도움이 되는 제안들을 필요로 할 뿐이기 때문입니다. [사회 복음에 따르면] 인간은 동료 인간을 사랑하고, 삶의 모든 영역에서 올바른 관계를 존중하며, 선한 삶을 분간하도록 배워야만 합니다. 그는 교육의 축복에 있어 더 위대한 척도를 공유하도록 해야 하며, 특히 훌륭한 시민성을 위해 훈련되어야 합니다.

[사회 복음에 따르면] 인간의 생활 조건은 사회 개혁을 통해 향상되어야 하고, 인간은 여가선용을 위해 충분한 시간이 주어져야 합니다. 간략히 말해서, 교육, 문명, 선한 법률의 반포 그리고 모는 종류의 사회 개혁이 사회 진보와 인간 구속을 위해 권고되는 수단들입니다. 그것이 사용하는 수단들을 포함하여, 사회 복음은 세계의 해악들을 위한 가장 효과적인 치료책으로 칭송을 받았고, 가정과 선교 현장 모두에서 열렬히 설교되었습니다. 그것의 열렬한 지지자들 중 한 사람은, 자기가 뉴욕(New York)의 이스트 사이드(East Side)를 방문해 사람들이 생활하는 집들, 그들이 하루하루 활동하는 불결한 환경들, 자녀들이 입은 의복 그리고 그들이 노는 거리를 보고 나서, 장 칼뱅의 불가항력적 은혜보다 더 강력한 것이 그 사람들을 변화시킬 필요였다고 말한 바 있습니다. 그는, 사람이 자기 임의대로 더 강력한 것을 소유할 수 있다고 분명하게 느꼈던 것입니다.

그러한 복음은 이제 반세기 이상 설교되어왔고, 그것의 신봉자들은 이미 세상의 개조에 있어 놀라운 성과들을 주장하고 있습니다. 그러나 지금 충격적인 것은, 단지 한 세기 동안에 세상은 전에 결코 경험하지 못했던 두 차례의 끔찍한 전쟁으로 시달렸다는 점입니다. 그들의 희망을 사회 복음에 고정시켰던 많은 사람들이 낙심하고, 괴로워하며, 혼란스러워하는 것을 이상하게 여길 것이 아닙니다. 그들이 다음과 같은 의문을 제기하는 것은 지극히 당연합니다. "자랑스러운 세계의 발전은 순전히 환상이었던가요?", "그것이 추천한 사회 복음과 치료책들은 진정 그 문제의 근원에까지 미쳤나요?", "그것은 단지 사회 구조의 불완전함과 악을 얇은 베니어판과 같은 존경스러워할 만한 일로 덮되, 곪아 들어가는 상처를 겨우 덮어두고서, 내적 부패를 손대지 않고 그대로 둔 채 남겨두었던 것이 아닐까요?", "그것은 사회 구조의 병폐에 대해 올바르고 완전한 진단을 내린 것일까요?", "삶의 해악들은 진정 의약품들과 외용에 의해 치료될 수 있을까요? 혹은 이것은 더욱 깊이 침투하며 특효성을 지닌 어떤 것을 요구하는 것일까요?", "그리고 만일에 상당한 진보가 아직 사회 조직의 진보에 이루어지지 않았고, 이것이 개인의 삶이 갱신될 수 있는 유일한 길이라고 한다면, 인간들이 진정 도덕적으로나 영적으로 갱신되기까지 얼마나 많은 시간이 걸려야 할까요?"

그리고 여기서 다시 한 번 우리는 칼빈주의자가 그러한 질문들에 고뇌할 필요가 없다는 사실을 전합니다. 왜냐하면 세계의 해악과 치료책에 대한 칼빈주의자들의 개념이 훨씬 더 심오하기 때문입니다. 그는, 죄가 인생의 모든 비참의 원인이며, 인간이 아니라 오직 하나님께서만이 이에 대한 치료책을 주실 수 있고, 그분께서 이러한 치료책을 구속하는 은혜의 복음 안에서, 예수 그리스도의 구속 사역과 성령님의 새롭게 하시는 역사를 통한 개인의 구속 안에서 각 죄인들에게 제공하신다는 것을 압니다. 그는 개인들의 구속을 달성하기 위해서 세상을 변화시키려 하는 것이 아니라, 오히려 죄인들 개개인들을 세상 밖으로 불러내어, 그들이 살고 있는 환경에 유익한 영향력을 뻗치면서 하나님을 섬길 수 있도록 하려고 한다는 것이 칼빈주의자의 확신입니다. 그는, 하나님께서 이 세대에 하나님 나라로 세상을 변화시키려 한다고도 믿지 않습니다. 칼빈주의자는 오히려 사악이 증대될 것이고 현세의 종말에 사악이 극에 달할 것이라 전망합니다. 더욱이 그는 하나님의 구속 안에서, 하나님께서는 주변에서 중심으로 사역하지 않으시고, 중심으로부터 주변으로 사역하실 것으로 확신합니다. 그리고 그는, 지금 어떤 현대주의자들이 개인 구원의 복음으로 다시 돌이키기를 원하고 있다는 사실을 만족스럽게 인식합니다.

칼빈주의로 무장된 우리의 졸업생들은 지금 매우 혼란스러운 생의 큰 환멸에서 벗어날 것입니다. 우리 졸업생들은 기독교가 결코 의도하지 않았던 것들을 행하지 않았다는 이유만으로, 기독교가 실패했다고 말하려 하지 않을뿐더러, 그렇게 생각하려고 하지도 않을 것입니다. 그들은 복된 유산을 인해, 예수 그리스도의 진정한 군사들로서, 그리고 하나님을 향한 복종 안에서 하나님께 감사할 것입니다. 그리고 그들은 주님께 속한 전투에 참여할 것입니다. 그들은 십자가의 깃발이 이끄는 대로 어디든지 따라 갈 것이고, 놀라운 구속 사역을 인해 하나님을 찬양할 것이며, 예수 그리스도 안에서 하나님의 구속하시는 은혜를 감사하는 마음으로 증언할 것입니다.

Part 5

—

현대 자유주의 신학의
잃어버린 고리

오늘날 우리나라[미국]에서 자유주의 신학은 참으로 놀랄만한 성장을 해왔지만, 이것이 우리에게 그리 놀라운 일은 아닙니다. 우선 오래 전부터 미국은 온갖 "사상들"(isms)을 펼쳐 보이기에 만족할만한 터전이 되어 왔습니다. 둘째로, 이미 우리나라에 널리 퍼져있던 알미니안주의(Arminianism)는, 자유주의자들이 매우 유리하게 활용할 수 있는 여러 접점들을 제공했습니다. 그리고 마지막으로, 현대주의(Mordernism)는 자연인들에게 호소력 있는 많은 특징들을 가집니다. 필그림 파더스(the Pilgrim Fathers)와 청교도의 바로 그 본원지에서 발전하게 된 유니테리언주의(Unitarianism)의 경우를 제외하고, 자유주의 신학은 따로 구별하여서 교회의 조직을 이루지는 않았습니다. 그러나 그것은 예전에 철저히 복음주의적이었던 교회들과 심지어 건전하고 성경적인 신조의 기치를 여전히 드러내는 교회들의 상당히 많은 영역들을 잠식해버렸습니다. 그리고 그것의 유혹들에 대해 현재까지 지속적으로 저항해온 그러한 교회들조차도 그들의 영적 유산을 유지하기 위해 방심하지 않고 항상 경계해야 한다는 사실을 마음 조이며 인식합니다. 그들은 무사태평하게 지내며, 그들이 현대주의의 위험들에 영향을 받지 않을 것이라고 생각할만한 여유가 없습니다. 만일 그들이 예전에 성도들에게 전해졌었던 믿음들을 위해 진지하게 싸워나가지 않는다면, 그들은 결국 [자유주의 사상에] 무너지게 될 것입니다.

오늘날 자유주의 신학이 자연인(natural man)에게 강력한 매력을 갖는다는 사실을 부인할 수가 없습니다. 그것은 끊임없이 그것 자체의 과학적 성격을 자랑합니다. 하나님의 말씀의 권위 앞에 복종하기를 거절함으로, 그리고 과학과 철학의 최종적 언명에 자신을 순응시킴으로, 그것은 지성적인 부류들에 대해 호소합니다. 더욱이 그것은 매우 이생에 속한 일들에 관여하여서, 보수적인 교회의 신학보다 훨씬 더 실제적이라는 인상을 풍깁니다. 그러므로 사회적 삶에 대한 그것의 실천적 관심은 자유주의 신학을 대중들에게 매혹적인 것으로 만들 공산이 큽니다. 그것에 더하여, 자유주의 신학은 또한 인간의 자아(ego)를 고양시킵니다. 그것은 인간을 죄인으로 불러 욕보이는 것 같지 않고, 인간을 격려하며 인간이 본성적으로 선하다는 확신을 줍니다. 자유주의 신학은 인간을 만물의 영장으로 만들고, 경박한 낙관주의(optimism)로 말미암은 이상주의(idealism)에 호소합니다. 그것은 진화 과정에 의한 인류의 완전성(perfectibility)과, 지상에 하나님 나라를 세울 인간의 능력에 대한 신앙을 갖도록 합니다.

그러나 사실 어떤 관점에서는, 이 신학이 노골적인 무신론(atheism)보다 더 큰 위험을 조장합니다. 그것은 그 접근에 있어 더욱더 섬세합니다. 그것은 기독교의 겉모습을 유지는 하고 있지만, 기독교와의 공통점이라고는 거의 없습니다. 그것은 예전의 낯익은 용어들을 많이 사용하지만, 그것들에 상이한 내용을 담기 때문에, 현대주의자들이 의미하는 것을 알아내기 위해서는 새로운 사전이 필요할 것입니다. 이러한 의심스러운 실천에 의해, 자유주의 신학은 수많은 순진한 영혼들을 그 덫에 걸려들도록 했습니다. 이에 대한 놀라운 예들을 언급할 수 있는데, 만일에 그것들이 그처럼 슬픈 것이 아니라면, 웃음을 자아낼 것입니다. 더욱이 그것은 구원을 멀고 불확실한 [내세에까지 이르는] 미래에서 약속하지 않고, 지금 이 땅에서의 천년 지복을 약속합니다. 현 세기 초에는 그것이 "직전에 와 있는 것"으로 상상되었지만, 그 때부터 그것은 하나의 신기루였다는 것이 [세계대전을 통해서] 되풀이하여 증명되었습니다. 따라서 이 새로운 종교의 진정한 지지자들은 단지 양의 탈을 쓴 늑대들로 간주될 수 있습니다.

진화 이론과 관련하여서, 우리들은 종종 "잃어버린 고리"(the missing link)에 대해 이야기합니다. 우리는 [그것의] 복수형을 사용할 수 있기에, 잃어버린 고리들을 이야기할 수도 있을 것입니다. 왜냐하면 그것이 호언장담하는 연속성을 보여주는 데 크게 미치지 못하기 때문입니다. 그 사슬에는 많은 단절이 있습니다. 그러나 만일 우리가 현대주의 신학을 칼빈주의와 비교한다면, 우리는 현대주의 신학보다 더욱 강력한 용어를 사용할 수 있습니다. 우리는 잃어버린 고리나 잃어버린 고리들에 대해 이야기할 수 있을 뿐만 아니라, 여러 사슬로 구성된 잃어버린 사슬에 대해서도 언급할 수 있습니다. 그러므로 현대주의가 하나님의 공의에 대해 침묵하든지 아니면, 그 사상을 누그러뜨리든지 하는 것이 종종 보수적인 사람들에 의해 주목되었습니다. 즉, 현대주의는 세상 안의 사악한 영향력으로서의 죄에 대해 조금도 언급하지 않습니다. 그리고 그것은 분명히 하나님의 은총과, 그것이 구속 사역에서 차지하는 중요한 위치에 대한 개념이 없습니다. 하지만 현대 자유주의 신학이 가장 중요하고 논리적으로 연관되며, 서로 인과 관계 속에 있는 사상 전체의 사슬을 털어버리는 것은 그들에게서 거의 보이지 않습니다. 그러나 이러한 상흔이 현대주의의 발흥과 함께 별안간 나타나서 역사적으로 대비되지 못했다고 생각해서는 안 됩니다. 이 신학은, 그것이 역사적인 신조들 안에서 구현된 교회의 전통 신학과 결별했다는 의미에서는 새로운 것이라 불려 질 수 있지만, 그것이 전혀 과거에 뿌리를 두고 있지 않다는 의미에서는 그렇지가 않습니다. 그것들은 터툴리안(Tertulliam)과 어거스틴(Augustine)과 관련된 서방 교회에서 유래하고, 안셀름(Anselm), 종교개혁자들(the Reformers) 그리고 17세기의 위대한 신학자들에 의해 계승된 사상의 노선을 따르지 않습니다. 대신에 자유주의 신학은 헬라 철학의 영향력 아래 있던 동방 교회에서 시작되었고, 오리겐(Origen), 펠라기우스(Pelagius), 아벨라드(Abelard), 르네상스의 인문주의자들(Humanists of the Renaissance), 소시니안주의자들(Socinians), 슐라이에르마허(Schleiermacher) 그리고 리츨(Ritschl)에 의해 추구되었던 노선을 계승하기로 선택했습니다. 자유주의 신학의 역사적 배경은 알렌(Alexander Viets Griswold Allen, 1841-1908)의 『기독교 사상의 계승』(the Continuity of Christian Thought)과 더욱 최근 작품인 F. G. 브래튼(F. G. Bratton, 1896-1970)의 『자유주의 신학 정신의 여파』(The Legacy of the Liberal Spirit)에서 명확히 묘사되었습니다.

비록 이러한 공격의 역사적 순서들이, 개혁주의 신학체계에서 나타나는 것과 같은 고리들의 논리적 순서와 일치하지 않지만, 역사의 흐름 속에서 우리가 마음에 간직한 여러 고리들이 차례차례 공격 받고 있으며, 훼손되고 있습니다. 우리가 전체 사슬 중에 가장 근본적인 고리로 간주하는 것에 대한 노골적인 공격은 종교개혁 시대에까지는 시작되지 않았습니다. 현대주의는 이러한 다양한 공격들의 결실들을 활용하므로, 교회에 의해 정죄되었던 과거의 많은 이단들의 상속자로 전락했습니다. 자유주의 신학은 현대성(modernity)을 자랑하지만, 사실 그것은 고대의 오류들의 조합들로 최신 유행의 옷을 차려 입은 것에 불과합니다.

아마도 이 때쯤이면, 여러분들은 현대주의 신학으로부터 상실되고 있는 고리에 대한 더 정확한 설명을 듣고 싶어 할 것입니다만, 그것은 개혁 신학에서 매우 두드러집니다. 우리는 구속의 계시에서 그처럼 중요한 위치를 차지하므로, 우리의 신학 안에서도 중요한 위치를 차지하는 일련의 법적(legal) 혹은 법정적(judicial) 사상을 염두에 두고 있습니다. 하나님께서는 그분의 모든 피조물들 가운데 최고의 통치자로 나타나시고, 그러한 권능 안에서 또한 입법자(Lawgiver)와 심판자(judge)로 나타나십니다. 죄(Sin)는 우선적으로 그에 대한 책임이 따르는 유죄(guilit)로 간주되며, 영원한 형벌의 책임을 지우는 것으로 간주됩니다. 죄책으로부터의 해방은 속죄(atonement) 혹은 대속(satisfaction)에 토대된 용서의 형태를 취합니다. 그리고 죄인의 실제적인 사면은 하나님의 법적 선언에 의해 발효됩니다. 이러한 일련의 법정적 개념들은 논리적으로 과정적인 사슬(chain) 혹은 연속(series)을 구성합니다. 하나의 고리는 다른 고리를 필요로 하며, 전체 사슬은 하나님의 공의의 매우 명확한 개념 안에서 그 정박지를 갖게 됩니다.

과거의 모든 이단들이 하나님에 대한 어떤 잘못된 견해에서 그들의 궁극적인 설명을 발견했다는 사실이 보수적인 학자들에 의해 종종 주목되곤 했습니다. 역사적으로, 이것은 소시니안주의 논쟁(Sosinian controversy) 기간 동안 명백해집니다. 알렌(Alexander V. G. Allen) 또한 그의 책, 『기독교 사상의 연속성』(The Continuity of Christian Thought)에서 그 것을 입증하는데, 그것은 사실상 현대주의의 역사적 변호입니다. 그는 첫 페이지에서 말합니다. "하나님에 대한 우리의 사상의 변동으로 말미암은 변화를 경험하지 않은 신학적 교리는 존재하지 않습니다." 그가 어거스틴주의와 칼빈주의적 견해로 간주한 것을 간략히 검토한 후에, 그는 계속해서 말합니다. "나는 거의 독보적으로 말해 왔는데, 때때로 '현대적 배도'(modern infidelity)로 불리운 것은 주로 하나님에 대한 그러한 개념에 기초한 신학에 대한 항의이다. 오늘날 진지한 사람들에게 불쾌감을 주는 것은 기독교 자체가 아니라, 세상이 진보 성장했음에도 교회의 공식적인 태도에 있어서는 여전히 그대로인 라틴화된 기독교다. 신적 계시, 속죄 그리고 인간의 마지막 운명에 대한 성격과 방식에 관련된 전통적인 교리들은, 그것이 그 자체로 비합리적이기 때문에 논박되는 것이 아니라, 의식적으로나 무의식적으로 마음에 가정된 하나님에 대한 변화되는 개념으로부터의 내적 필요에 의해 결코 발생하지 않기 때문에 논박된다."

프린스톤(Princeton) 신학교에서의 저의 학생 시절에, 요청할 만한 자격이 있던 한 선배가 트렌턴(Trenton)에 있는 공석의 커다란 교회를 위해 설교해 달라는 요청을 받았습니다. 그는 그의 동기 학생들 가운데 가장 훌륭한 학생 중 한 명이었습니다. 그래서 그가 확실히 만족스러운 설교를 할 것이라 가정했습니다. 그에 대해 비판이 가해지지는 않았지만, 그 교회의 직원 중 한 분은 그 학생의 신학적 관점에 대해 더욱 분명하게 알고 싶어 했으므로, 그에게 이러한 시험적인 질문을 던졌습니다. "당신은 사랑의 하나님을 믿으십니까 혹은 공의의 하나님을 믿으십니까?" 그 젊은이는 솔직히 답했습니다. "저는 사랑의 하나님과 공의의 하나님, 양쪽 모두의 하나님을 믿습니다." 이후로 그는 그 교회의 설교요청을 받아들이지 않았습니다.

이것은 많은 사람들의 마음속에서, 특별히 현대 자유주의자들의 마음속에서 하나님 안에 있는 사랑과 공의에 대한 사상들이 상호 배타적이라는 점을 예시해 줍니다. 현대주의자들은 하나님께서 본질적으로 사랑이시며, 그의 모든 자녀들에게 사랑의 아버지가 되신다는 사실을 강조합니다. 그러나 더욱 일반적으로, 현대주의자는 하나님을 모든 사람들의 사랑 많으신 아버지로 언급하기를 주저하지 않습니다. 매킨토시(Douglas Clyde Macintosh, 1877-1948)는 『경험주의 과학으로서 신학』(Theology as an Empirical Science)에서 이러한 주장이 다소 완화되어야 할 것이라고 느낀 것 같습니다. 그는 이렇게 말합니다. "하나님의 완전한 사랑에 대한 견해에 있어, 우리는 적어도 이 정도까지는 확신할 수 있을 것이다. 즉, 그분께서 모두를 향해 자애로우시다는 것 말이다." 그러나 그가 "하나님께서 모두에게 자애로우시지만, 모두가 그분을 향해 자식 관계에 있지는 않다"는 점을 지적한 것이 중요하다.

현대주의자들은 하나님의 사랑에 대한 찬송을 끊임없이 부르며, 이것을 큰 위로와 미래의 고무적인 전망을 위한 보증으로 생각하지만, 그들은 이상하게도, 하나님께서 또한 의와 거룩의 하나님이시며, 그분께서 사랑과 자비이실 뿐 아니라 의와 거룩이시며, 자애로운 아버지이실 뿐 아니라 의로운 심판자이시기도 하다는 사실에 대해 침묵합니다. 그들의 신학자들은 진정 공의의 하나님을 이야기 하지만, 항상 그 사상을 약화시키는 경향을 나타냅니다. 어떤 이들은 하나님의 부성애를 통해 그분의 공의를 해석하는 것을 고집하므로, 공의를 아버지로서의 친절하고 자비로운 공의로 간주합니다. 다른 이들은 하나님의 공의를 그분의 도덕적 공정성과 정직으로 묘사하는데, 그 때문에 그분의 어떤 사역에 있어서도 부패 혹은 사악이 존재하지 않습니다.

그들은 일반적으로 이해되는 것처럼, 하나님의 공의가 하나님의 내재적이고 본질적인 속성이 아니라 전적으로 그분의 의지에 의존하는 속성이라 주장하며, 율법의 요구들이 모든 점에서 만족되는 것을 요구하며, 범죄의 경우에 필연적 형벌에 의해서만 완전히 만족되는 그분 안에 어떤 공의와 의가 존재한다는 것을 부정하는 소시누스(Fausto Paolo Sozzini, 1539-1604)와 그로티우스(Hugo Grotius, 1583-1645)의 견해의 계승자가 되었습니다. 하나님 안에 있는 엄중한 보응적 공의가 현대주의자의 눈에는 들어오지 않습니다. 매킨토시는 이렇게 말합니다. "거룩하신 하나님에 의해 내려진 심판은 그 일차적 의도에 있어서 보응을 목적으로 한 죄책의 평가가 아니라, 치료를 목적으로 시행하는 진단과 더욱 비슷한 어떤 것이다. 하나님께서는 그분께서 그렇게 위대한 의사이신 것만큼 그렇게 위대한 심판자는 못된다."

노드슨(Knudson)은, 성경이 되풀이해서 하나님의 보응적 공의를 주장하지만, 어떤 큰 교리적 중요성이 이러한 언급들에 돌려질 수 없다는 결론에 이른다는 점을 받아들입니다. 왜냐하면 그것들이 하나님의 공의와 하나님의 사랑 사이에 충돌을 함축하기 때문입니다. 그는 이런 말들을 통해 그의 결론을 표현합니다. "그렇다면, 엄격한 응분의 공적을 따라 보상과 형벌이 인간에게 주어지는 것을 요구하는 신적 본성 안에 어떤 원칙도 존재하지 않는 것처럼 보인다. 달리 말하면, 신적 의는 엄중한 보응적 공의와 무관하다"(The Doctrine of God, 345 f.). 물론 이것은 진정으로 소시니안주의(Socinianism)입니다.

모든 강조점이 중심적이고 전적으로 통제적인 하나님의 속성으로 하나님의 사랑에 놓여지고, 하나님의 공의가 오직 그분의 사랑의 어떤 측면으로 간주되며, 하나님의 진노조차도 "사랑의 절제된 현시"

로 정의되는 그러한 신학적 가르침의 영향력 아래서 설교자들이 점차 하나님의 공의와 진노에 대해 말하기를 멈추는 것은 이상할 것이 없습니다. 그들은 조나단 에드워즈(Jonathan Edwards, 1703-1758)의 『진노 하시는 하나님의 손 안에 있는 죄인』(The Sinner in the Hands of an Angry God)과 같은 설교를 할 수 없고, 그들의 교구민들에게 모든 사람들을 그분의 사랑하는 자녀들로 사랑하시며, 그들의 사악함을 기꺼이 참으려 하시고, 결코 그들에게 진노하시지 않으시며 그들의 결함을 기꺼이 간과하실 뿐 아니라, 그분의 긍휼이 하나님께서 그들 중 어떤 이들을 영원한 지옥에 던져버리시는 것을 불가능하게 하는 선에서, 친절 그리고 자애로우신 아버지에 관해 말하는 것을 매우 선호합니다.

그리고 다시 한 번, 사람들의 안목을 어둡게 하는 그러한 설교의 영향력 아래서, 점점 더 방만하고 눈 어두워지며, 하나님의 공의와 진노에 대한 모든 것을 망각해버리는 것이 이상한 일이 아닙니다. 하나님께서 온 땅의 심판자라는 이해, 오직 완전한 의로만 만족하실 수 있으시고, 뇌물을 받을 수 없으시며, 인간을 차별하시는 것이 아니라 공의로 판단하시는 재판관에 대해서는 그들에게 너무도 생소합니다. 하나님에 대한 경외는 그들에게 요구되지 않고, 평안이 없을 때조차도 그들은 그저 평안하려고만 하면서 평안의 꿈만 꿉니다. 그들은 시온(Zion)에서 완전히 안심하며, 주님에 대한 두려움이나 아무런 공포도 그들에게 임하지 않습니다. 그들은, 언젠가 그들이 하나님의 법정 앞에 출두해야 할 것이며, 그들이 행한 모든 것들에 대해 엄중히 책임을 지게 될 것이라고 배워 본 적이 없기 때문에, 그저 하나님께서 모든 것들이 다 잘 되게 하실 것이라는 확신에 차서 편안하게 미래를 바라볼 뿐입니다. 그래서 우리가 언급하는 가장 근본적인 사슬의 고리가 현대 자유주의 신학에서는 상실되어 있습니다. 그러므로 이제 두 번째 고리에 대한 고려 사항을 얘기해보도록 하겠습니다.

죄는 세상에서 가장 파괴적인 도덕적 영향력입니다. 그것은 단지 부정적인 어떤 것일 뿐만 아니라, 원의(original righteousness)의 결핍이며, 악의 적극적인 위력입니다. 첫 범죄는 인간과 그의 하나님 사이의 관계를 방해했습니다. 그로 인해 인간은 의로운 상태[원의의 상태]에서, 형벌의 상태[타락의 상태]로 전락했습니다. 그런 상태 안에서 인간은 죄에 대한 책임[죄책]을 집니다. 또한 그것은 인간의 도덕적 본성을 부패시켰고, 인간을 죄의 노예[전적인 타락의 상태]로 만들어버렸습니다. 아담은 인류의 머리[대표]로서 죄를 지었기 때문에, 그의 죄책이 그의 모든 후손들에게까지 전가됩니다. 아담이 인류 공통의 조상으로서 죄를 범했기 때문에, 그의 부패한 인간 본성이 그의 모든 후손에게 전해지는 것입니다. 원죄(Original Sin)는 이제 다른 모든 죄들이 [실재로] 발생하는 사악한 근원입니다.

인간의 선천적(innate) 선함과 진화의 자연 과정을 통한 인류의 점진적 진보를 믿는 낙관주의적 신앙을 가진 현대주의는 과거에 그 자체가 죄의 극악무도함에 대해 몹시도 쉽게 잊어버리는 모습을 보여 왔습니다. 라인홀드 리버(Reinhold Niebuhr), 월터 홀튼(Walter Horton), 에드 윈 루이스(Edwin Lewis), 나다니엘 미클럼(Nathaniel Micklem), 폴 T. 프루만과 같은 현대주의의 지지자들 중 어떤 이들이 한 세기의 마지막 25년이라는 분기 동안의 쓰라린 경험에 의해 가르치고, 죄를 더욱 심각하게 다룰 필요성을 강조하기 시작한 것은 최근 몇 년 사이에 일어난 일입니다. 그러나 이런 사람들조차도 죄가 책임을 질 사악한 것이며, 그들의 범죄 때문에, 하나님께서 진노 가운데 각 민족들을 엄습하고 계시다는 사실을 전적으로 강조하지는 않습니다.

현대주의자들은 죄에 대한 감각을 상실해왔고, 그들 자신이 이것을 인정하며 종종 그 사실을 기뻐한다는 점이 반복적으로 지적되어 왔습니다. 그들 중 어떤 이들은, 그들이 죄에 대한 병적인 자책과 끔찍한 심판자로서의 하나님에 대한 두려움으로부터 해방 되었다고 보며, 그것을 위대한 구원으로 이야기하는데, 그러한 자책과 두려움이 어린 가슴을 공포로 떨게 했고, 종종 잠 못 이루는 밤과 소름 끼치는 꿈을 꾸게 했다는 것입니다. 그들은 대문자로 표기되는 죄, 혹은 단수로서 죄, 인간의 삶 속에서 사악한 영향력으로서의 죄, 바로 그러한 죄의식을 상실했다는 것을 기꺼이 인정하려고 하지만, 동시에 서둘러 그들이 복수로서의 죄들에 대한 의식을 가져왔다고 덧붙입니다. 그들이 죄에 대한 어떤 개념을 가지고 있다고 한다면, 그것은 개체적인 (atomistic) 개념입니다. 그들은 여전히 죄를 불완전함, 연약함 혹은 질병으로 말할 것입니다. 그러나 그들은 세상 안에 파괴적인 영향력 혹은 본성으로서 인간의 마음 안에서 지배하는 영향력으로서 죄에 대한 생각이 없습니다. 옛 펠라기우스주의(Pelagianism)처럼, 현대주의 또한 죄를 단순히 일련의 분리된 행위들로 간주합니다. 이것은, 현대주의가 원죄(original Sin)의 교리를 믿지 않는다는 의미입니다. 이런 관점에서 그들은 모든 사람들이 죄를 짓는다는 의미로서의 죄의 보편성(universality)을 믿지만, 이것을 아담의 타락에 돌리지 않는 펠라기우스(Pelagius)와 전적으로 같은 노선에 있습니다. 펠라기우스는 첫 사람이 그의 모든 후손들에게 부패한 본성을 전해주었다고 믿기를 거부하며, 오히려 모든 자녀들이 무죄의 상태로 태어난다고 주장합니다. 현대주의자들은 바로 이에 대해 동의합니다. 그들은, 모든 자녀들이 아담으로부터 기인하는 혈통 때문에 부패한 본성을 가지고 태어난다는 교리를 찬성하지 않습니다. 그들의 판단으로는 타락의 역사는 유치해서 진지하게 고려할 가치가 없으므로 단지 신화처럼 여기고, 그들은 그것을 애써 무시해 버립니다.

펠라기우스주의 논쟁은 주로 최초의 부패(original depravity)에 대한 질문과 관계됩니다. 펠라기우스는 그 문제에 대해 전적으로 그러한 관점으로부터 접근합니다. 그러나 어거스틴은 또한 원 죄책(original guilt)의 문제를 소개했습니다. 그는 아담이 인류의 조상이었을 뿐만 아니라 법적인 대표였고, 결과적으로 그의 모든 후손들이 그의 최초의 범죄에 대한 책임을 다같이 지고 있다는 사실을 강조했습니다.

이 교리는 그 시작부터 강한 반대를 받았습니다. 반펠라기우스주의(Semi-Pelagianism)는 최초의 부패의 문제에 있어 어거스틴의 편을 들었습니다. 비록 그것이 전적인 부패로 간주되지 않고, 아담의 죄책이 그의 후손에게 전가된다는 사상과 싸우기는 했지만 말입니다. 그들은 인간을 정죄의 상태 안에 있는 것으로 보기를 거부했습니다. 또한 이러한 입장은 로마 가톨릭교회의 일반적인 견해가 되었습니다. 스콜라 신학자들이 실제로 원 죄책(original guilt)에 대해 말했지만, 그들은 그것에서 법정적 성격을 빼앗고, 그것을 인간에게 유전된 도덕적 조건의 부분으로 만드는 방식으로 정의했습니다. 그리고 그것의 당연한 결과는, 그들이 그러한 정의에 의해 칭의(justification)를 법정적 행위에서 도덕적 행위로 바꾸어 버리는 것이었습니다.

그러나 로마 가톨릭교회와는 대조적으로, 종교개혁자들은 모든 후손들을 향한 아담의 최초의 죄책의 전가(imputation) 교리를 변론했습니다. 언약의 교리가 발전 되었을 때에 이러한 견해가 특별히 강조되었는데, 언약 안에서 아담은 인류의 대표로 나타납니다. 그러나 이러한 사상은 다시 반대를 불러 일으켰습니다. 알미니안주의자들은 실제로 그 문제에 대해 로마 가톨릭교회의 견해로 회귀하였습니다. 그들은 아담의 범죄의 결과로, 모든 사람들이 이제 부패한 본성을 지니고 태어난다고 기꺼이 고백하지만, 동시에 인간들이 낙원에서 저질러진 죄에 대해 책임을 지고 있다는 사실은 부인합니다.

그러므로 도처에서 우리는 원 죄책에 대한 부인에 직면하게 되는데, 이것이 현대주의의 특징 중 하나가 된 '죄책의 부정'에 디딤돌이 되었음을 입증합니다. 이와 같은 완전한 부정으로 가는 길은 19세기 자유주의 신학의 가장 탁월한 두 대표자들인 슐라이에르마허(Schleiermacher)와 리츨(Ritschl)에 의한 신학 안에서 드리워졌습니다. 이 두 남자들은 원죄를 부패나 죄책으로서, 즉 용어의 일반적인 의미와 같은 어떠한 것들에 대해서는 부정하고, 다만 실제적인 죄들(actual sins, 자범죄)로만 인식합니다. 슐라이에르마허에 따르면, 이것들[실제적인 죄들]은 그것으로 인간이 창조되고, 인간 안에 신 의식의 억압을 초래하는 관능적 본성(the sensual nature) 안에서 설명됩니다. 그리고 리츨에 따르면, 그것들은 하나님의 유익한 목적에 대한 인간의 무지로부터 발생하며, 그 자체를 하나님 나라에 대한 실제적인 인간의 반대 안에서 드러냅니다.

이 두 사람들은, 인간이 기독교 종교의 지배를 받을 때, 그들은 이러한 악한 행위들을 죄책으로 자신들에게 전가하지만, 동시에 그들이 이것을 정도를 벗어나서 행했다고 주장합니다. 죄책에 대한 주관적인 개념에 상응하는 객관적인 실재(reality)가 없는 것입니다. 하나님에 대한 그의 범신론적(pantheistic) 개념과 관련하여, 슐라이에르마허는 죄가 실제로 하나님을 위해 존재한다는 것을 부정함으로써, 하나님을 죄의 창시자로 만들 위험을 피하려고 합니다. 그는 죄의 객관적 실재를 부정하므로, 죄책(the guilt of sin)도 부정합니다. 그리고 하나님의 사랑에 대한 편파적인 개념과 관련하여, 리츨은 특별히 하나님 안에 보응적 공의 사상을 멀리하는데 관심을 가졌습니다. 그러므로 그는, 하나님께서 인간의 죄를 죄책을 구성하는 것으로 간주하시지 않으신다고 주장합니다. 왜냐하면 그 죄들이 무지로부터 발생하기 때문이지요. 그에 따르면, 하나님의 진노와 같은 것은 없으며, 하나님께서 결코 죄인에게 진노하시지 않으십니다. 결과적으로 인간은, 그분께서 언젠가 미래에 죄를 형벌하실 것이라고 두려워 할 필요가 없습니다.

사실 이 사람들의 가르침은 현대 자유주의 신학에 거대한 영향력을 끼쳤습니다. 그 가르침들은 설교와 강의 그리고 정기 간행물과 서적들 안에서 급속히 대중들에게 보급되었습니다. 그들의 시대 이후로, 불신앙의 영향력이 다양한 철학적, 과학적 이론들에 의해 매우 강화되어왔는데, 그러한 이론들은 모든 도덕적, 종교적 표준들을 손상시키려고 잘 의도된 것들이었습니다. 한 때 아주 극명한 자유주의자였던 에드윈 루이스(Edwin Lewis) 박사는 『기독교 선언서』(A Christian Manifesto)에서 이렇게 말했습니다. "이로 인해 필연적으로 인간이 죄인으로 간주되는 천성적 결함 때문에 그 자체의 완전함을 성취하지 못하는 인간의 무능력, 즉 이것은 기독교의 필수적인 요소이다. 그것은 하나의 교리이다. 최근 몇 년 동안 이 교리는 끝없는 공격의 주제가 되어왔다. 실제로 당연한 것으로 여겨진 생물학적 결정론과 심리학적 결정론, 그리고 환경적 결정론과 관련하여, 죄에 대한 기독교 교리는 거의 그 분야에서 퇴출되었다. '현대인은 죄를 지을 수 없다.' 우리는 아마도 선한 권위에 대하여 들어왔을 것이다. 즉, 이 같은 '현대인'의 권위에 대해서 말이다."

많은 현대주의자들은 인격적인 하나님을 믿지도 않을뿐더러, 하나님의 율법의 절대적인 권위도 믿지 않습니다. 그러나 그들은 인간의 신성(divinity)과 자율성(autonomy)을 대단히 믿습니다. 그들에게 있어 인간은 모든 것들의 표준(standard)이요 척도(measure)가 되었습니다. 그리고 만일에 그들이 여전히 죄에 대해 이야기 한다면, 그들은 죄를 하나님, 혹은 그분의 의지의 표명으로서 신적 율법(신적 율법은 하나님의 의지를 정의하는 유일하게 온당한 방식입니다)에 관련하여 정의하지 않고, 우주 전체, 인류의 보편 의지, 생의 사회적 구조, 혹은 어떤 경제 이론과 관련하여 정의합니다. '죄'(sin)라는 용어가 점점 그 그림에서 전적으로 빠져버리고, 더 일반적인 용어 '악'(evil)이 '죄'를 대체해버렸다는 사실은 이상할 것이 없습니다. 다음과 같은 영감 받은 시구는 현대 자유주의자의 핵심에 있어 어떤 대답도 얻어내지 못합니다.

"당신을 거슬러,
제가 당신께 죄를 지었고, 당신 앞에서 악한 것을 행했나이다.
당신께서 말씀하실 때, 언제나 정당하시며,
당신께서 판단하실 때, 모든 것이 분명해지나이다."

이제 그는 적어도, 그가 그 자신의 악한 행위들에 대한 책임이 있고, 따라서 그가 유죄라는 것을 인정할 준비가 되어있을 것이라고 생각될지도 모릅니다. 그러나 이마저도 인정될 수 없습니다. 왜냐하면 그는 그 자신을 제임스 오르(James Orr, 1844-1913)가 그것에 대해 책임을 느끼지 않는 "여러 가지 유전된 경향들"이라 부른 것으로, 혹은 그가 선해지는 것을 불가능하게 만드는 악한 환경의 산물로서, 혹은 그가 전혀 통제할 수 없는 여러 강박관념들과 다른 결정론적인 영향력들로서 간주하기 때문입니다. 그렇습니다. 현대주의자는 죄책에 대한 생각으로 인해 무거운 부담을 느끼지 않습니다. 그러한 고리(link)는 현대주의자들의 사상의 고리로부터 사라져버렸습니다. 그러므로 이것은 이제 세 번째 고리에 대한 생각으로 우리를 이끕니다.

하나님과 죄에 대한 우리의 개념은 당연히 그리스도의 사역에 대한 우리의 견해에 영향을 미칩니다. 만일 우리가 삶의 모든 영역에서 충성을 다할 의무가 있는 우리의 주권적인 왕으로, 그리고 그분의 율법이 내재하는 절대적 의의 현시여서 엄격한 순종을 요구하시는 위대한 입법자로서, 그리고 그분의 내적 본성 때문에 공의를 유지하시며, 위법에 대한 배상을 요구하셔야만 하시는 의로운 심판자로서 하나님을 인식한다면, 그리고 만일 우리가 죄를 본질적으로 하나님의 의에 대한 침해로 간주하여, 그 용어의 본래적 의미대로 형벌을 면하지 못하게 만드는 범죄로 여긴다면, 우리는 또한 하나님께 보상해야 하며, 행해진 것의 죄책에 대해 배상해야 한다는 사실을 믿어야만 합니다. 왜냐하면 그것만이 하나님의 공의가 만족[배상]되기 위한 유일한 길이기 때문입니다.

그러나 다른 한편으로, 만일에 우리가 하나님께서 사랑이시라는 사실만을 일방적으로 강조하여, 그분의 공의를 단지 징벌을 요구할 수 있지만 형벌은 요구할 수 없는, 그리고 후회를 일깨우려 하지만 회개를 일으키지는 않고, 배상을 요구하지 않는 그분의 사랑의 특별한 현시로만 간주한다면, 그리고 우리가 죄를 그 용어의 본래적 의미대로 하나님의 형벌을 받아야만 하는 죄책으로 여기지 않고, 단지 도덕적 결핍, 불완전 혹은 연약함으로만 여긴다면, 그 단어의 엄격한 의미대로 속죄에 대해 말하는 것이 의미 없게 되어버립니다. 그리고 하나님께 대한 보상을 이야기하는 것이 터무니없는 이야기가 되고 맙니다. 그러한 조건들 하에서, 상황은 인간을 순종의 삶으로 돌이키려는 노력을 요구할 수는 있지만, 확실히 죄인에게 하나님을 화목 시키려는 그 어떤 시도도 요구할 수 없게 됩니다.

그리스도께서 그의 백성을 죄책과 죄의 형벌로부터 구원하시려는 목적으로 고난 당하시고 죽으셨다는 교리는, 이미 고대 기독교 교부들의 여러 저작들 속에서 그 표현을 발견하게 됩니다. 물론 그 표현이 매우 개략적인 방식으로 나타나기는 하지만 말입니다. 그러나 완전하고 상세한 속죄의 교리를 구축하려는 시도의 증거는 없었습니다. 하지만 주후 11세기가 되어서야 비로소 안셀름(Anselm of Canterbury, 1033/1034-1109)이 고전적인 대속론을 발전시켜 그의 유명한 저서, 『하나님께서 왜 인간이 되셨는가?』 (Cur Deus homo?)를 출판했습니다. 비록 그것이 후대의 위대한 종교개혁자들의 저작과 17세기 역사적 신조들에서 취하는 형식을 아직 나타내지는 못했지만, 그것은 진정 배상[대속]에 대한 교리였습니다.

안셀름에 따르면, 인류의 죄는 하나님의 영광을 침범했습니다. 이 영광에 대한 회복이 절대적으로 본질이었고, 이것은 오직 두 가지 방식 중 하나로 달성될 수 있습니다. 즉 '형벌' 혹은 '배상'에 의해섭니다. 하나님의 자비는 배상의 방식으로, 그리고 특별히 하나님께 무한한 배상을 드릴 수 있는 유일한 분이셨던 그분의 아들의 선물을 통해 그분의 영광의 회복을 이루시게 했습니다. 고통과 죽음을 통해서 그리스도께서는 하나님께 무한한 영광을 돌리시므로, 하나님의 영광을 회복하셨습니다. 그리스도의 자발적인 자기희생에 대한 보상은 용서와 미래 지복의 형태로 믿음에 의해 그를 받아들이는 사람들에게 전해집니다.

안셀름의 이 이론은 속죄의 교리의 발전에 있어 매우 진일보된 것이었지만, 종교개혁 시대에 발전한 '대리형벌만족설'(the penal substitutionary doctrine)과는 중요한 점들에 있어 차이가 나타납니다. 그것은 인간의 죄가 하나님의 공의의 대한 침해여서, 인간을 정죄의 상태에 이르게 한다는 전제로 나아갑니다. 아담의 불순종의 한 행위에 의해 인류는 더 이상 채무를 갚을 수 없으므로, 그의 모든 후손들이 하나님의 은혜에 의하지 않고는 구원의 어떤 가망도 없는 죄의 형벌의 대상이 되는 무한한 채무를 지게 되었습니다. 그러나 하나님께서는 자비롭게도 평화의 의논(the counsel of peace)에 의해, 성부께서 그에게 주신 모든 사람들을 위해 예수 그리스도를 대리자(substitute)로 주셨습니다. 예수 그리스도께서는 값을 치르셨을 뿐만 아니라 그들을 위해 죄의 형벌을 떠맡으시고, 그 자신이 영원한 생명을 받을 만한 공로를 이루셨습니다. 그분의 능동적이고, 수동적인 순종에 의해, 그분께서는 그분의 모든 백성들을 위한 완전한 구속을 이루셨습니다. 그들은 율법의 요구로부터 해방되었고, 이제 그리스도의 십자가 안에서 기뻐합니다.

그러나 대리 속죄에 대한 이러한 전체 사상, 즉 죄인들을 위한 보증인(Surety)으로서의 그리스도, 하나님께 배상하는 위치에 서심, 그리고 하나님을 인간에게 화목하게 하는 것과 같은 신학사상들은 그 출발부터 많은 분파들에게 혐오감을 주었습니다. 11세기의 가장 심각한 학자들 중 하나였던 아벨라드(Peter Abelard, 1079-1142)는 즉시로 안셀름의 입장에 반대하는 논쟁의 장에 발을 들여 놓았고, 근본적으로 미래의 반대들의 대부분의 패턴을 결정했습니다. 그는 하나님께서 사랑이시라는 일반적인 생각에 기초해서 공격을 가했지만, 그의 입장을 성경적 논증이 아니라 합리주의적인 논증으로 견지했습니다. 비록 어떤 세부 사항에 있어서는 그와 다르지만, 그의 전철을 밟는 모든 사람들이 같은 것을 말한다고 볼 수 있습니다. 종교개혁 시대에, 소시니안주의자들은 일반적 특징들에 있어 매우 비슷한 견해를 제시했습니다. 리츨은 독일에서 동일한 견해를 보급시켰습니다. 그리고 부쉬넬(Bushnell)은 우리나라[미국]에서 그것을 대중화시켰습니다.

소위 이러한 도덕 감화설(moral influence theory)은, 사랑의 하나님으로서의 하나님께서 죄인과 화목할 필요가 없으셨습니다. 왜냐하면 하나님께서는 그들의 범죄에도 불구하고 여전히 호의적인 분으로서 그들을 대하시기 때문입니다. 리츨에 따르면, 하나님께서는 죄인에게 결코 분노하시지 않으시며, 하나님의 진노에 대하여 말하는 것은 얼토당토않은 이야기입니다. 하나님 안에는 죄인을 용서하고, 집으로 돌아오는 것을 막으려는 그 어떤 요소도 없습니다. 문제는 오직 사람 안에 있기에, 인간이 하나님과 화해하기 위해 행해질 일들이 고려되어야 합니다. 그리스도께서 세상에 오셨던 것은 오직 그 이유 때문이었습니다. 예수 그리스도께서는 하나님 사랑의 최고의 계시로 오셔서, 동정적으로 인류의 모든 고통에 참여하시므로, 인간의 마음에 응답하는 사랑을 일깨우려 하셨습니다.

이러한 관점에 있어서 근본적인 전제는, 죄가 죄책이 아니어서 속죄를 요구하지 않는다는 것입니다. 구지 그렇게 부른다면, 요구되는 유일한 행위는 '회개'입니다. 하나님께서 아버지의 집으로 돌아온 방탕한 아들을 용서하실 수 없다고 말하는 것은 하나님을 인간보다도 자비롭지 못한 분으로 만드는 것과 같습니다. 맥레오드 캠벨(John

McLeod Campbell, 1800-1872)은 이 점에 있어서 적어도 그리스도의 사역의 여러 가지 성격의 어떤 유사성을 유지하기 위해 특별한 요소를 소개합니다. 그는 자연인이 진정한 회개를 나타낼 수 없으므로, 그리스도를 인간을 위해 대신하여 회개하시는 것으로 생각합니다. 특히 스코틀랜드에서 일부 사람들에게 상당한 호의를 얻은 이 문제에 대한 견해는 결국 도덕 감화설의 또 다른 형태에 불과하며, 죄인이 태어나면서부터 죄책을 지고 있다는 사실을 고려하지 않았습니다. 그것은 하나님의 율법의 요구를 만족시키는 것에 대해 할애하지 않습니다. 이것은 슐라이에르마허와 어빙(Edward Irving, 1792-1834)의 신비설(the mystical theory)에 동일하게 적용됩니다. 왜냐하면 이 이론은, 인간의 도덕적 상태가 관심을 필요로 하는 유일한 것이라는 가정 하에 진행되기 때문입니다. 그에 따르면 그리스도께서는 인간성에 있어 새로운 누룩이 되심으로 이것을 감당하셨습니다. 리츨은 동일한 가정 하에서 더욱 진행하여, 다시 도덕 감화설로 회귀했습니다.

'대리형벌만족설'에 대한 지속적인 반대는, 그것이 전가교리 안에 내재된 "법적 허구"(a legal fiction)와 관련된다는 생각에 의해 증대되어 왔습니다. 그러한 생각은 형벌의 문제에 있어서 대리인이 가능하다고 가정합니다. 즉, 죄를 범한 편의 죄책이 무죄한 사람에게 옮겨질 수 있으며, 의로운 편의 의가 죄를 범한 사람에게 옮겨질 수 있다고 가정하는 것입니다. 이것은, 한 사람이 또 다른 한 사람의 나쁨에 관련해 나쁠 수 있고, 반대로, 한 사람이 또 다른 한 사람의 선함과 관련해 선할 수 있다고 말하는 것과 같다고 때때로 설명됩니다. 그러나 이와 같은 논증들은 논리적으로 합리적이지 않더라도, 현대인에게 강력한 인상을 주는데 실패하지 않았고, 속죄 교리에 대한 광범위한 거부로 이어졌습니다.

이 모든 것은, 오직 예수님이 아니라, 진정으로 예수님에 의해 수행되는 단지 선한 도덕적 영향력에 관계된 속죄 사상으로 축소되는데 적지 않은 부분에 걸쳐서 기여했습니다. 현대 신학에서 상당한 정도로 그 강조점이 옮겨졌는데, 그리스도의 사역에서 그리스도의 인격으로, 그분의 죽음에서 그분의 삶으로, 그리고 그분의 제사장적 사역에서 높은 이상을 위해 싸우셨지만 결국 부적응의 희생자가 되신 위대한 도덕 교사로서의 그분의 사역으로 옮겨졌습니다. 그리고 마침내 예수님 당시의 시대정신에 대한 그분의 반대는 그분을 순교자적인 죽음으로 이끌었다는 것입니다.

속죄 교리가 오늘날 현대주의 안에서 그 조화를 점점 잃어버리게 된 것은 이상한 일이 아닙니다. 매킨토쉬(Macintosh)는 이렇게 말합니다. "복음주의적 관심은 사후의 생에 있어 안전의 보증으로서 용서를 받는 것 보다는, 신적 지도의 확보와 도덕적 승리를 쟁취할 영적 능력에 집중되고 있습니다." 현대주의자들은 단지 유니테리언 교회(Unitarian Church) 밖에 있는 유니테리언주의자들(Unitarians)일 뿐이기 때문에, 『유니테리언주의 사상』(Unitarian Thought)에서 애머슨(Emerson)

이 주장한 다음과 같은 말이 여기에 적용됩니다. "동시에 하나님이신 사람의 희생에 의한 하나인 인류 회복의 전통적 교리에 관련하여, 유니테리언주의자들은, 그것에 의해 신적 의지와 어느 정도 조화를 이룰 수 있는 기준을 갖는 잘못된 것에 대한 옳음의 지속적 승리에 대한 생각을 반대합니다. 이러한 지속적인 회복의 과정과 관련하여, 그들은 '덕성에 의한 구속'(Redemption by Character)이라는 용어를 가지고 있습니다."

이제 주제를 기독론(Christology)으로부터 구원론(Soteriology)로 옮기면, 우리는 즉시 자유주의 신학에 부재하여 눈에 띄는 동일한 사슬의 또 다른 하나의 고리를 마주하게 됩니다. "중생"(regeneration), "회심"(conversion) 그리고 "성화"(sanctification)와 같은, 현대주의자들도 비교적 자유롭게 사용하는 구원론의 여러 고전적인 용어들이 있습니다. 현대주의자들은 심리유보(reservatio mentalis)적으로 이 용어들을 사용하기는 하지만, 현대주의의 사상체계에 적절할 수 없는 용어가 존재합니다. 저는 그러한 용어로서 "칭의"(Justification)를 염두에 두는데, 이 용어는 명백히 하나님의 법정적 행위를 가리킵니다. 그 용어는 예수 그리스도의 의에 토대한 죄인의 사면을 뜻합니다. 현대주의 설교자들은 그 용어를 청중들에게 이해시키지를 못합니다. 왜냐하면 하나님께서 사람에게 죄에 대한 책임을 엄중히 물으시며, 죄가 하나님의 판단으로는 죄책이므로, 죄가 인간에게 형벌을 받도록 책임을 지우고, 하나님께서는 진노가운데서 그분의 독생자 안에서 죄를 벌하셨으며, 인류의 죄책이 무죄한 하나님의 어린 양에게 지워져서, 이제 그분의 의가 사악하고 죄 많은 인간에게 전가된다는, 칭의와 관련된 다양한 사상들을 현대주의자가 부정하기 때문입니다. 현대주의자들이 이 모든 사상들을 마치 터무니없는 것처럼 부인하기 때문에, 그들이 "칭의"라는 용어의 사용을 회피하는 것은 이상한 일이 아닙니다. 만일 현대주의자들이 그것을 사용한다면, 그는 그 용어를 도덕적인 사상과 관련된 의미를 나타내기 위해 [원래의 뜻과 의미에 상관이 없이] 임의로 사용할 것입니다.

이 신학사상의 상실은 자연히 로마 가톨릭 진영보다는 개신교 진영 안에서 훨씬 더 예민하게 감지합니다. 이것은 그것의 설명을 기독교역사에서 발견합니다. 율법의 행위 없는 믿음에 의한 칭의 교리는 사도 시대에 유대인들에게 평판이 좋지 않았습니다. 그것은 설명과 변호가 요구되었고, 사도 바울은 로마서와 갈라디아서에서 그에 대한 설명과 변호를 수행했습니다. 고대 교회의 교부들은 중생과 칭의 사이를 날카롭게 구분하지 않았습니다. 펠라기우스(Pelagius)는 이 교리를 전혀 사용하지 않았습니다. 어거스틴(Agustine)은 그 교리에 동의했지만, 그조차도 순수한 법정적 행위로서 그것의 명확한 개념을 갖지는 못했던 것 같고, 성화의 도덕적 과정으로부터 칭의를 명확히 구별하지도 못했던 것으로 보입니다. 로마교회는 실제로 그 구별을 제거해버렸습니다. 그럼으로써 칭의를 부분적으로 인간의 행위에 의존하게 만들었을 뿐만 아니라, 칭의를 단지 의롭다 선언하는 것이 아닌 인간이 사실상 의롭게 만들어지며 도덕적 행위인 것으로 바꾸어버렸습니다.

그러므로 종교개혁 시대에, 율법의 행위가 없는 칭의 교리가 두드러지게 표면화되었다는 사실은 이상할 것이 없습니다. 그것은 일반적으로 종교개혁의 본질적 원칙으로 불립니다. 마틴 루터는 칭의 교리를, 교회를 서게도 하고 넘어지게도 하는 조항으로 언급했습니다. 그 어떤 교리보다 이 교리는 더욱 더 구원이 은혜로, 오직 은혜만으로 되며, 그것을 거부하는 교회는 사실상 그것의 상속권을 상실하여 파멸한 것으로 분명히 느껴지도록 합니다. 미래에 대한 소망의 기초를 인간의 선한 행위 위에 놓은 교회는 예수님 시대의 바리새인들과 유사하여, 동일한 정죄 아래 놓이게 됩니다. 그것은 산상설교(the Sermon on the Mount)로부터의 이러한 엄숙한 말씀들을 깊이 숙고하고 경청하도록 합니다. "내가 너희에게 이르노니 너희 의가 서기관과 바리새인보다 더 낫지 못하면 결단코 천국에 들어가지 못하리라"[마 5:20].

초기 펠라기우스주의자들과 같은 소시니안주의자들은 이 교리를 전적으로 부인하고, 죄인이 그 자신의 회개와 자기 개혁에 근거하여 하나님의 자비를 통해 하나님께 용서(pardon)와 용납(acceptance)을 얻는다는 가정으로 나아갔습니다. 또한 알미니안주의자들은 칭의를 죄의 용서에 한정하고, 죄인이 오직 그의 신앙과 순종에 기초해 하나님에 의한 호의로 말미암아 결정적으로 용납된다고 주장합니다. 슐라이에르마허와 리츨은, 칭의를 순전히 객관적인 어떤 것으로 간주합니다. 그것은, 하나님께서 그에게 진노하신다는 가정 하에서 그의 과오를 죄인이 의식하게 되는 것으로 여겨집니다. 그리고 현대 자유주의(Modern liberal thoelogy)에서 우리들은, 하나님께서 죄인을 그의 생의 도덕적 진보에 의해 의롭다 칭하신다는 사상을 종종 접하게 됩니다. 하나님의 법정적 행위로서의 칭의는 완전히 버려진 것입니다.

그러므로 현대주의는 철두철미하게 펠라기안주의입니다. 그것은 인간이 태어나면서부터 의로우신 하나님의 형벌을 받아야 할 책임이 있으며, 이미 실제로 정죄의 선고 아래 있는 범죄한 존재라는 사실을 믿지 않습니다. 그러므로 현대주의는 그가 매우 부패되어서, 그 자신의 구원을 스스로 이룰 수 없게 되었다는 사실도 믿지 않습니다. 현대주의는, 그의 영원한 지복을 위해 믿음에 의해 용납될 수 있는 또 다른 사람의 전가되는 의를 의존해야 한다는 생각을 분개하며 거부합니다. 현대주의자는 전가에 대한 전체 사상을 진지하게 고려할 가치가 있는 것으로 여기지 않고, 한낱 법적 허구(legal fiction)에 불과한 것으로 여깁니다. 더욱이 그는 신적인 은혜의 필요를 인식하지 못하고, 그 자신이 자신의 운명을 스스로 수행할 수 있는 것처럼 생각합니다. 사실 "은혜"라는 용어는 현대주의자에게 그 진정한 의미를 상실해버렸습니다. 그런즉, 그가 여전히 그것에 붙일 수 있는 유일한 의미는 자상함일 뿐입니다. 현대주의자의 교회에 들어가면 율법의 행위에 근거하지 않은 믿음에 의한 칭의에 관하여 설교하거나, 죄인의 구속 가운데 나타난 하나님의 경이로운 은혜를 찬양하는 설교자를 발견할 위험은 없습니다. 그리고 만일에 어떤 설교자가 그러한 교회에서 이러한 설교를 한다면, 청중들은 낯설고 전적으로 알려지지 않은 사상 세계에서 상실되었음을 곧 알아차릴 것입니다.

그래서 우리는, 현대주의가 죄와 구속에 관한 칼빈주의 교리의 진정한 중추로 간주될 수 있는 것들을 자신들에게서 전적으로 박탈했다는 사실을 발견합니다. 그것은 거듭하여 하나의 요추를 폐기하며, 이제 우리에게 하나님의 본유적이고 절대적인 의를 고려하지 않고, 율법의 위엄에 눈을 감아버리는 구속에 대한 골자가 없는 이론을 남깁니다. 따라서 그것은 하나님 앞에서 죄인을 겸허하게 하지 않고, 그 자신의 가치에 대해 자만심을 갖게 하는 의식을 자신 안에서 배양하게 하며, 구원하는 은혜의 필요를 자신에게 심지 않고, 오히려 그가 그 자신의 힘으로 악을 정복할 수 있다는 생각을 장려하는 이론입니다.

아마도 이러한 질문이 제기될 수 있을 것입니다. 왜 기독교 종교에 안에 있는 법적 요소에 대해 이 모든 적개심이 나타났을까요? 이 논서의 범위는 제가 이 질문에 대한 면밀한 이해를 논하도록 허락하지 않습니다. 그러므로 다만 몇 마디 말로 만족해야 할 것 같습니다.

우선 제가 현대주의자들 자신의 설명에 주의를 환기시키도록 허락해 주십시오. 마치 하나님께서 율법 위에 계시지 않은 것처럼, 그들은 죄인에 대한 하나님의 태도가 율법의 위엄에 의해 결정되는 것을 허락하는 것으로, 그리고 잘못을 저지른 그분의 자녀들을 무정하고 다소 비인격적인 법적 거래의 방식으로 다루시는 것으로 하나님을 인식할 수 없다고 우리에게 말합니다. 그들은 하나님께서 진정 더욱 인격적인 방식으로 그분의 방황하는 자녀들을 다루시는 분으로 생각하길 원합니다. 비록 그들 중 많은 사람들이 하나님의 인격성을 부정하기는 하지만 말입니다. 그러한 방식 안에서 성부의 마음이 더욱 진정으로 계시됩니다. 그들은 진정한 아버지 같은 사랑과 연민의 강렬한 증거에 의해 그분의 방탕한 자녀들을 교화시키시려는 하나님으로서만 만족할 수 있습니다.

둘째로, 그들은 구속 사역 안에 법적 요소를 강조하는 사람들은, 성경 자체에서 나타나는 하나님에 대한 사상의 발전에 주의하지 않는다고 느낍니다. 그 사람들에 따르면, 하나님에 대해 생각하는 전통적 방식은 구약에 토대합니다. 거기서 하나님께서는 진정 공의를 요구하시며, 죄인에게 끔찍한 복수를 하시는 엄중한 심판자, 즉 잔인하고 복수심으로 가득한 하나님으로 묘사됩니다. 그러므로 하나님의 많은 가르침과 훈육들이 더욱 계몽적인 도덕적 기준들에 의해 정죄를 받고 있습니다. 그러나 그들은, 그러한 [구약의] 하나님에 대한 사상이 하나님에 대한 계시에 의해 신약 가운데서는 버려졌다고 말합니다. 거기서 우리는 그분의 모든 자녀들에게 사랑의 아버지가 되시는 하나님,

즉 사랑과 긍휼의 하나님을 마주합니다. 그리고 아마도 몇 가지 세련된 면들이 더해져서, 그러한 하나님은 현대주의자가 인정할 만한 오직 그러한 부류의 하나님이 되십니다. 인간이 충성을 다하는 것은 오직 그런 하나님에게만 해당합니다.

셋째로, 현대주의자들은 또한 상당히 많은 사상의 패턴들을 만들어 냅니다. 이에 대한 매우 명백한 예는 쉐일러 매튜스(Shailer Mathews, 1863-1941)의 저작, 『하나님 사상의 발전』(The Growth of the Idea of God)에서 발견됩니다. 그는 하나님의 주권이라는 중심적인 교리를 가진 칼빈주의자들이 하나님에 대한 사상의 기초를 그의 뜻[혹은 의지]이 율법이며, 절대적인 순종을 요구하고, 정치적 힘을 증대하려는 주권적이고 절대적인 통치자의 모습에 놓지만, 그러나 이제 독재 정치가 민주주의로 바뀌었으니, 우리는 민주주의 양식에 더욱 조화되는 하나님을 필요로 하며, 우리 모두의 종이 되신 하나님께서는 항상 그의 모든 신민들을 호의적으로 대하시며, 높은 도덕적 이상을 보여주신다고 주장합니다.

그러나 모든 사람들은 태어나면서부터 펠라기우스주의자들(Pelagians)이라고 때때로 말하는 것에 있어 중요한 진리가 존재한다는 사실을 잊어서는 안 됩니다. 그 말은, 구원이 하나님의 은혜가 아니라 그들 자신의 노력에 의존한다는 가정으로 자연스럽게 향하는 것을 뜻합니다. 솜(Sohm)은 자연인을 "가톨릭 신자로 태어난 것"과 같다고 말합니다. 뷰캐넌(Buchanan)은 "인간 마음에 자연적으로 존재하는 로마 가톨릭"에 대하여 말하고, 극동에서 수 십 년 간 선교하였던 캠벨 N. 무디(Campbell N. Moody, 1865-1940)는 그의 저작, 『초기 개종자들의 마음』(The Mind of the Early Converts)의 46페이지에서 "이방 그리스도인의 율법주의(legalism)는 옛 언약의 율법주의와 일치하며, 결국 유대주의 형태를 취한다. 은혜에 의한 구원의 교리는 전적으로 그들에게 낯선 것처럼 보이고, 그들이 이 교리를 듣고 난 후조차도, 그들은 옛 율법 주의로 회귀하는 경향을 보였다."고 말했습니다.

우리가 줄곧 언급해 온 사슬의 모든 고리들이라는 주제 안에서 매우 강하게 강조했던 은혜에 의한 구원의 교리는 자연인에게 환영받지 못하며, 현대주의자들에게 호소력을 갖지 못하는 실정입니다. 그것은 오히려 인간의 자존심에 대해 모욕을 느끼도록 하는 것 같습니다. 그리고 이미 암시했던 것처럼, 이 교리는 개혁 신학 안에서 법적 요소들에 의해 중대해지는 바로 그런 교리입니다. 그러므로 현대주의자들은 이와 같은 노래 가운데서 우리와 잘 어울릴 수가 없습니다.

"범죄한 자가 기꺼이 용서 받았다는 사실이 얼마나 복된가!
그의 죄는 하늘의 판단 앞에 완전히 가려져 있다네!
여호와께서 죄를 돌리지 않는 사람은 얼마나 복된가!
그는 순전한 영혼을 소유한다네!
그의 마음의 내면은 진실하다네!"

Part 6

———

표류하는 자유주의

19세기에 발전한 자유주의가 전도유망한 것처럼 보였던 것은 불과 몇 십 년 전의 일이었습니다. 자유주의는 우리나라의 많은 중요 대학, 신학교, 종합대학에 파고들어, 잇따라 승리를 거두며 계속해서 승리의 행진을 이어갔습니다. 가장 열렬한 승리자들 중 많은 수가, 자신들이 역사적인 신조들과 신앙고백들 안에 구현된 전통적 가르침에 대항한 전투에서 승리를 거두었다고 완전히 확신했습니다. 그들은 자신들에 대해 절대적인 확신을 갖게 되었고, 계획된 진로가 닻을 내리기를 희망했던 안식처로 그들을 이끌 것이라고 완전히 확신했습니다. 그러나 금세기 전반기의 끔찍한 대참사[두 번의 세계대전]는, 그들의 배가 항해에 적합하지 않다는 사실을 명백히 입증했습니다. 그들은 자신들이 풍랑이 이는 바다에서 키 없는 배처럼 주변을 표류하고 있음을 발견했습니다. 우리가 지금 "현대 자유주의의 표류"에 대해 말하는 것은 이러한 사실을 고려한 결과입니다. 이 주제는 한편으로 이러한 운동이 불운을 만났고, 지금은 성난 파도에 꼼짝도 못하고 있다는 것을 시사합니다. 그리고 다른 한편으로 이 주제는, 자유주의가 아직 침몰되지 않았으며, 여전히 상당한 주의를 요한다는 사실을 가리킵니다. 이 강연은 바로 그러한 의식을 강화하려는 것입니다.

　　19세기 후반기에 발전했던 "고전적인 자유주의"는 20세기 초에 그 전성기를 보냈고, 이제 심각한 하향 길의 상태에 접어들었습니다. 싫든 좋든 간에 이전의 고전적 자유주의의 많은 지지자들은, 그것이 다소 안타까운 곤경에 처해있다는 사실을 인정합니다. J. C. 베넷(J. C.

Benett)은 자유주의의 "붕괴"를 현대 미국 신학의 관한 가장 중대한 사실로서 이야기 합니다. 그리고 이러한 의견을 반영한 『현실주의적 신학』(Realistic Theology)에서 월터 M. 홀튼(Walter M. Horton, 1895-1966)은, "붕괴"라는 단어는 그렇게 강한 표현이 아니라고까지 말합니다. 그에 따르면, 자유주의자들의 패배는 완패로 치닫고 있습니다. 비록 그가 다만 이전 세대의 자유주의에 관하여 생각하고 있다는 것이 점차적으로 그의 저서들에서 명백해지고 있기는 하지만, 그는 분명 자유주의의 죽음을 논하기까지 하는 것이 사실입니다.

그리고 이전에 『하나님 중심적인 종교』(God-Centered Religion)에서 칼빈주의를 향해 강한 흥미를 표명하는 자유주의자였던 폴 T. 푸르만(Paul T. Fuhrmann)은 이 저작에서 1914년에 일어난 제1차 세계대전 이전까지의 세계의 죽음과 함께 자유주의 개신교도 죽었다고 강하게 주장했습니다. 진화 과정에 의해 보증되는 인간의 내재적 선, 점진적 진보 그리고 최종적 완전의 교리에 기초한 이전의 낙관주의(optimism)는, 비관주의(pessimism)에 길을 내주었다는 것입니다. 그는 특히 이것을 요한계시록의 네 명의 말 탄 자(정복, 유혈, 기아 그리고 죽음)가 달려가는 것을 본 사실에 돌립니다. 이 환상은 인류의 점진적인 도덕적 진보에 대해 말하며, 천년왕국의 임박을 주장하는 모든 낙관적 자유주의 설교들보다 훨씬 더 강력한 것으로 입증되었습니다.

제1차 대전 이후에 자유주의 신학은 여러 방면에서 공격을 받았습니다. 근본주의(fundamentalism)는 현대주의의 비성경적인 가르침들을 폭로하고, 사람들로 하나님의 무오한 말씀인 성경으로 돌아오도록 요청했습니다. 반면에 역사의 가르침에 영향을 받지 않는 인본주의(humanism)는 현대주의자들이 반대 방향으로 나아가고 있는 두 마리 말에 양다리를 걸치려 한다고 비난하면서, 여전히 그것으로 부담을 지고 있는 전통주의(traditionalism)의 짐을 내버리고, 인간 이성의 지시를 따르는데 더욱 일관되고 철저해지라고 촉구했습니다. 그리고 그 모든 것에 더하여, 『위기의 신학』(the Theology of Crisis)-또한 변증법적 신학(The Dialectical Theology), 하나님의 말씀의 신학(The Theology of the Word of God), 그리고 바르트주의(Bartianism)로 알려진 [한마디로 '신정통주의'(neo-orthodoxy) 신학]-은 자유주의의 인간중심적이고 주관주의적인 가르침에 강력한 공격을 가했고, 그것에서의 인간 이성 혹은 인간 경험에 대한 의존을 정죄하였으며, 신적인 특별 계시에 기초한 신학의 필연성을 강조했습니다. 그것은, 인간이 하나님을 발견하고 천국으로 가는 길을 스스로 닦는 것이 철저히 불가능하다는 사실을 강조했습니다. 그것은 하나님과 인간 사이에 과시되던 연속성을 부정하였고, 하나님과 인간이, 어떤 사람도 메울 수 없는 격차로 인해 분리된다는 사실을 강조합니다. 더욱이 그것은, 하나님께서 항상 주도권을 가지고 계시며, 하나님으로부터 인간에게 이르는 길 외에, 인간으로부터 하나님께 이르는 길이 없다는 사실을 강조했습니다. 이 사상의 학파는 신-중심적인 신학을 추구했습니다.

그런데 이 모든 것들의 결과는, 자유주의가 방어태세를 취하게 되었다는 것입니다. 물론, 지금도 패배를 인정하려 하지 않는 자유주의자들이 있습니다. 그들은 소위 "새로운 상황에 적응하지 못하는" 자유주의자들입니다. 이것은 "종교적 자유주의자들이 답하다"(the Religious Liberals Reply)라는 표제 아래 많은 자유주의 신학자들이 모여 개최했던 토론회로부터, 그리고 얼마 전 『기독교 세기』(the Christian Century)에 게재된 "회개하지 않는 자유주의자"라는 소논문으로부터 명백해집니다. 동시에, 중요한 변화가 자유주의 진영에서 발생했다는 사실은 부정될 수 없습니다. "위기의 신학"을 지배하는 영혼들은 자유주의 진영 안에서 훈련되고, 제1차 세계대전에 의해 그들이 양육된 종교의 천박성과 공허를 보게 된 자들이었습니다. 바르트(Karl Barth, 1886-1968) 자신이 리츨 학파의 소산이었고, 그 학파의 주관주의에 있어 가장 대표하는 자였던 빌헬름 헤르만(Wilhelm Herrmann, 1846-1922)이 그의 가장 존경하는 스승이었다는 사실에 대해 이미 언급한 바 있습니다.

다음으로, 이 신학은 우리나라와 해외에 있는 많은 자유주의 신학자들에게 지대한 영향을 끼쳤고, 비록 그 변화라는 것이 모든 경우에 동일하게 미치지는 않았지만, 그들의 종교적 관점에 변화를 가져왔습니다. 바르트주의에 큰 영향을 받은 사람들 중에, 우리는 존 베일리(John Baillie), 에드거 P. 디키(Edgar P. Dickie), F. W. 캠필드(F. W. Camfield), 죠지 S. 헨드리(George S. Hendry), 오토 파이퍼(Otto Piper, 벌코프가 이 책을 쓸 당시에 프린스턴에서 가르치고 있었음), 죠셉 L. 로마드카(Joseph L. Hromadka, 이전에 프린스턴에서 가르쳤음), 나다니엘 믹클렘(Nathaniel Micklem), J. S. 웨일(J. S. Whale)과 구스타프 아울렌(Gustaf Aulen)과 같은 유럽의 신학자들, 그리고 라인홀드 리버(Reinhold Nie buhr), H. 리처드 니버(H. Richard Niebuhr), 존 A. 맥케이(John A. Mackay), 에드윈 루이스(Edwin Lewis), 엘머 G. 홈리고센(Elmer G. Homrighausen), 그리고 넬스 S. 페레(Nels S. Ferre)와 같은 미국 학자들을 발견하게 됩니다.

이 사람들 중 어떤 이들은 여전히 유력하게 자유주의적이지만, 다른 이들은 보통 "신-정통주의"(neo-orthodox)로 분류됩니다. "위기의 신학"이 그들에게 끼친 영향 때문에 이 두 그룹 사이에 어떤 근본적인 차이점들이 존재하지만, 그들은 또한 공통점들을 가지고 있습니다. 그리고 이 그룹들 자체 내에서조차 우리는 종종 다소 중요한 차이점을 찾아내고, 드물지 않게, 다소 심각하게 일관되지 못한 것들을 발견합니다. 그러므로 우리는 그들이 어떤 명확한 표준의 지도 없이 진리를 위해 그룹을 짓고 있다는 인상을 떨쳐 버릴 수 없습니다. 그들의 출판물들 중 하나에서 그들이 취한 입장이 수정되고, 때때로 뒤따르는 출판물에서 부정되는 일이 반복해서 일어납니다. 이러한 사실에 관하여, 『기독교 세기』(the Christian Century)가 "나의 정신은 지난 수십 년 동안 어떻게 바뀌어 왔는가"라는 글에 대한 일련의 소논문들을, 인정받는 학자들에 의해 거듭해서 출판했다는 것은 놀랄 만한 일이 아닙니다. 기록된 변화들은 종종 다소 광범위한 것으로 증명됩니다. 그것들은 자유주의가 표류하고 있다는 견해를 입증하기에 충분합니다.

◇ 자유주의에 대한 변호:

앞에서 우리는 자유주의가 죽었다는 취지로 이전의 몇몇 자유주의자들의 진술을 언급한 바 있습니다. 그러나 나중에 이러한 진술들은 적당히 걸러 들어야 한다는 점이 분명해집니다. 심지어 지금도 "회개하지 않는" 또는 "고쳐 세우지 않는" 자유주의자들이 있는데, 그들은 종종 부르듯이, 주요 "고전적 자유주의"가 옳은 방향으로 가고 있다고 주장하나, 변화된 상황의 결과로 그것이 그 진로를 다소 변화시켜야 할지도 모른다고 주장합니다. 이러한 현상은 이전에 언급된 "종교적 자유주의자들이 답하다"라는 표제 아래 진행된 심포지엄과 『자유주의 정신의 유산』(The Legacy of the Liberal Spirit)이라는 프레드 G. 브래튼(Fred G. Bratton)의 작품 그리고 또한 『미국 신학의 현대 운동』이라는 프랭크 휴 포스터(Frank Hugh Foster, 1851-1935)의 사후 출판으로부터 나타납니다. 이 학자는, 『뉴잉글랜드 신학의 역사』(History of New England Theology)를 저작한 후, 급진적인 자유주의자로 변했습니다. 마지막 작품에서 그는 자유주의의 순전함과 일관성의 결여에 대해 비판했고, 위험스럽게도 인본주의(Humanism)의 입장에 설 뻔했습니다.

근래에 자유주의 진영에서 우리가 자유주의 운동의 근본적인 성격과 현대주의 혹은 자유주의의 과거 가르침들을 구별해야 한다는 사실을 강조하는 것이 매우 관례화되었습니다. 『현재 신학 동향』(Present Theological Tendencies)에서 오브리(Edwin E. Aubrey, 1896-)는, 우리가 서두에서 방법론으로서의 현대주의와 신조로서의 현대주의 사이를 구분한 것을 극히 중요한 것으로 간주합니다. 그는 사실, 현대주의가 오직 방법론이지 신조가 아니라고 말합니다. 그가 언급하는 방법론이란 어떤 외적인 권위에도 구속되지 않는 자유로운 탐구에 속한 역사적이고 과학적인 방법론입니다. 브래튼(Bratton)은 그것을 다른 사람들 사이에서 "학문적 자유" 그리고 "자유로운 탐구와 이성의 삶에 속한 과학적 방법론"으로 규정된 것으로 묘사합니다.

그렇다면, 종교적 자유주의에 있어 진정 특징적인 것은, 그것이 학문적 자유를 나타내며, 그것은 인간 이성에서 항소 법원(the last court of appeal)을 발견하고, 그것은 과학적 방법론을 따르며, 그것은 하나님의 말씀으로서의 성경의 권위와 같은 그러한 어떤 외적인 권위에 구속되지 않는다는 점입니다. 그러한 중대한 원칙은, 그것의 과거 어떤 가르침들이 지지할 수 없는 것으로 증명된다는 사실에도 불구하고, 어떤 대가를 치르더라도 유지되어야 합니다. 많은 자유주의자들에 의해, 그들이 더 이상 하나님께서 전적으로 사랑의 하나님이시라는 것과 인간성이 본질적으로 그리고 본유적으로 선하다는 것, 그리고 때가 되면 죄가 자연적으로 벗겨지게 되며, 그것에 대해 책임을 질 필요가 없는 단순한 연약성 혹은 불완전이라는 것, 그리고 죄 의식이 진정 열등

함의 콤플렉스일 뿐이라는 것, 그리고 인간은 초자연적인 영적 갱신이 필요한 것이 아니라, 특별히 향상된 사회적 환경의 도움을 받아 스스로 성취할 수 있는 단지 도덕적 자기 개혁만이 필요하다는 것, 그리고 이 세상을 하나님의 나라로 변화시키므로 진화의 과정을 통해 자연스럽게 천년왕국으로 안내될 것이라는 것이 믿을 수 없을 만큼 사실로서 인정되었습니다. 그러나 한 때 매우 인기 있었던 이러한 가르침들은 이제 많은 자유주의자들에 의해 과거의 오류라는 림보(limbus)로 좌천되었습니다.

그러므로 우리들은, 많은 자유주의자들이 진리를 탐구하는데 있어서의 절대적 자유라는 근본적 원칙, 즉 신조로부터만 아니라 무오한 책의 권위로부터 자유를 고수하지만, 선호하는 어떤 가르침들에 있어 심하게 오류를 범했다는 사실을 그들 스스로도 기꺼이 인정한다는 것을 압니다. 신학적 진리를 탐구하는데 있어 안전한 표로서의 인간 이성의 충족성에 의문을 제기하려는 자유주의자들 사이에서도 때때로 [의문의] 목소리가 제기되어 온 것이 사실입니다. 『하나님에 관한 우리의 지식』(Our Knowledge of God)이라는 저작에서 죤 베일리(John Baillie, 1886-1960)조차 인간의 직접적인 직관에 큰 강조를 두려고 하는 듯합니다. 『기독교의 세기』(Christian Century)의 이전 편집장, 찰스 클레이튼 모리슨(Charles Clayton Morrison)은 때때로 비슷한 경향의 증거를 보여 왔습니다. 그러나 전체적으로 보면, 인간 이성에 대한 확신이 매우 흔들림 없이 남아 있다고 볼 수 있습니다. 과거의 실수들은 단지 이성이 무오하지는 않고, 오류를 범할 수도 있다는 사실만을 증명한다는 입장을 고수합니다. [그들에 따르면] 만일 과거에 어떤 점에서 길을 잃었다면, 단지 온 길로 되돌아가 다시 시도해야 할 뿐입니다. 앞선 세대의 오류들은 그들 시대의 지배적인 상황들 안에서 그들의 해명을 찾아, 이제 경고 신호로서 현 세대에 기여할 수 있으며, 미래에 일어날 수 있는 비슷한 실수들을 피하도록 할 수 있습니다.

그러한 자유주의자들은 당연히 그들의 어떠한 자신만만함을 잃어버렸고, 더욱 주저하게 되었습니다. 뿐만 아니라 그들은 버리거나 유지해야 할 교리들에 관해 전적으로 동의하지 않습니다. 그들 사이에는 매우 다양한 의견들이 존재합니다. 그들은, 이제 다른 방향을 찾아야 하지만, 이전 견해들에 대해서 요구되는 수정과 더불어서, 과학과 철학의 최근의 언명들과 가장 잘 조화될 가르침들에 관한 공통된 입장에 도달했다고 말할 수가 없으며, 세상의 변화된 상황들 안에서 가장 큰 정당성을 발견할 것이라고 느낍니다. 결국, 그들의 저작들은 일관되게 세상 나라들에 관해 바울이 말한 것을 상기시킵니다. 즉, 그들은 "혹 하나님을 더듬어 찾아 발견"[행 17:27]하려 하고 있는 듯합니다.

사정이 이러하므로, 과거의 오류들을 인식하게 된 많은 자유주의자들이 그것에 대해 건설적인 어떤 일을 감히 감행하지 못한다는 사실을 쉽게 이해할 수 있습니다. 그들은, "현대주의를 너머서"(Beyond Modernism)란 설교로 과거의 자유주의적 가르침들에 대한 불만을 표현하고 새로운 강조점들을 제시했지만, 그 밖의 것들에 관해서는 적어도 내가 알기로, 새로운 길을 내려 하지 않던 포스딕(Fosdick)과 다를 바 없습니다. 아무리 생각해 봐도 자유주의자들 가운데 종교 사상에 대한 새로운 학파로 불릴 수 있는 유일한 한 그룹이 존재하는데, 그 그룹의 대표자들은 "종교적 실존주의자들"(religious realists)로 지명됩니다. 메리 프랜시스 텔렌(Mary Frances Thelen)은 그녀의 세심한 저작, 『현대 미국 실존주의 신학 안의 죄인으로서의 인간』(Man as Sinner in Contemporary American Realistic Theology)이라는 글에서, 이 그룹의 가장 중요한 대표자들로 다섯 사람의 이름을 거명합니다. 즉, 니버 형제[라인홀드 니버와 동생인 리처드 니버], 워터 M. 홀튼(Walter M. Horton), 로버트 L. 칼훈(Robert L. Calhoun), 그리고 죤 C. 베넷(John C. Bennett). 죠지 해머(George Hammar)는 그의 중요한 저서 『현대 미국 신학에서 기독교 실존주의』(Christian Realism in Contmporary American Theology)에서 이 두 사람, 곧 라인홀드 니버(Reinhold Niebuhr)와 워터 M. 홀튼(Walter M. Horton)의 저작을 논하지만, 헨리 P. 반 두센(Henry P. Van Dusen)을 포함시킵니다. 이 그룹의 특징적인 경향은 당연히 더욱 특별한 주의를 요합니다. 우리는, 그들이 이전의 자유주의자들보다 더욱 그른쪽으로 가고 있는지 혹은 진정 바른쪽으로 방향을 틀어서, 정통 기독교의 가르침들에 더욱 가까이 접근하는 증거를 보여주는지에 대해 관심을 둡니다. 우리는 이 논문에서 조금 전 말씀드린 요점에 대한 질문을 생각해 보려 합니다. 하지만 이 질문에 대한 답변을 드리기 전에, 저는 그들이 "위기의 신학"(Theology of Crisis)을 포기했는지에 대한 질문에 다소 일반적인 방식으로 접근해 보려 합니다.

◇ "종교적 실존주의"와 "신정통주의"

종교적 실존주의자들(the religious realists)이 대개 바르트(Karl Barth)와 브룬너(Emil Brunner, 1889-1966)의 저작들에 영향을 받았다는 것은 부인될 수 없습니다. 비록 동일한 방식으로나 동일한 정도로 영향을 받지는 않았어도, 이것은 특히 두 명의 니버(Niebuhr)에 대해 분명한 사실입니다. 그의 동생과 구별하여, 라인홀드 니버(Reinhold Niebuhr)는 변증법(dialectics)과 역설(paradoxes)에 있어서 바르트주의자의 성향을 지녔습니다. 이러한 성향은 특별히 그의 저작, 『인간의 본성과 운명』(The Nature and Destiny of Man)에서 나타납니다. 그의 초기 저작들 중 하나에서 그는 이미 그 자신을 신학적으로 더욱 바른쪽으로 전향했지만, 경제적으로는 더욱 그른 쪽으로 가있는 사람으로 소개합니다. 비록 그가 신학에 있어 더욱 바른편으로 가있다가 할지라도, 그는 바르트주의자라고 불릴 수 없습니다. 왜냐하면 많은 점에서 그가 독자적인 입장을 취하기 때문입니다. H. 리처드 니버(H. Richard Niebuhr)는, 그가 솔직히 바르트주의 신학에 영향을 받았다고 인정하지만, 많은 사례들에서 그는 바르트주의와 결별합니다. 어떤 면에서 그는 그의 형[라인홀드 니버]이 그랬던 것보다 더욱 "히브리-기독교 전통"으로 종종 불리는 것에 다소 가까운 것 같습니다. 또한 워터 M. 홀튼(Walter M. Horton)의 저서들도 바르트주의의 영향을 드러냅니다. 비록 칼 바르트가 현재의 신학적 딜레마로부터 길을 제시한다고는 믿을 수 없다고 그는 이야기하지만 말입니다. 얼핏 보기에 존 C. 베넷(John C. Bennett, 1902-1995)은 다른 사람들보다 바르트주의 신학에 영향을 거의 받지 않은 것처럼 보이지만, 그는 『기독교 실존주의』(Christian Realism)의 저자입니다. 『기독교 세기』(Christian Century)에서 그는 자신을 "변화된 자유주의자, 그러나 여전히 자유주의자"(A Changed Liberal-But still a Liberal)로 묘사했습니다.

그러나 기독교 실존주의자들이 명확히 "위기의 신학"의 영향을 받은 것이 사실이지만, 그들은 이 신학의 극단들을 피하려 합니다. 바르트주의자들처럼, 그들 또한 헬라 문화와 전통에 관해 비판적인 태도를 취하는데, 헬라 문화와 전통은 르네상스 때 [기독교 내에서] 다시 재생되어, 계몽주의 때 결실했고, 19세기와 20세기 초반의 종교적 자유주의를 낳았습니다. 그러나 그들은, 변증법적 신학(Dialectic Theology)과 구별되게, 헬라 문화와 전통 안에서 어떤 선한 요소들을 인식하는 경향이 있으며, 어떤 경우에는 타협에 이르는 경향을 나타내기도 합니다. 이러한 성향은 라인홀드 니버의 저작, 『인간의 본성과 운명』에서 매우 명백합니다.

그들은 하나님의 초월에 대한 거리낌 없는 인식에 있어 바르트주의자들에게 동의하지만, 조심스럽게 신적 내재를 희생하면서 하나님의 초월을 강조하는 것처럼 보이기를 피합니다. 하나님과 인간 사이에 절대적인 질적 차이에 대한 주장에 관해, 전적 타자(Wholly Other)로서의 하나님에 관한 바르트주의 교리는 그들의 기호에 맞지 않습니다. 인간 안에 하나님의 형상(the image of God) 교리와 논쟁의 대상이 된 "접촉점"(point of contact) 교리에 관련하여, 그들이 바르트보다는 에밀 브룬너에게 더욱 동의했다는 사실에서 다른 사람들 중에도 이러한 성향이 명백히 나타납니다. 그들은 확실히 인간 안에서 하나님의 형상이 전적으로 파괴되었다고 믿지 않고, 인간은 여전히 자연 안에 있는 신적 계시에 대해 본성적으로 어느 정도 받아들일 수 있다고 느낍니다.

과거에 자유주의자들은 신적 계시 사상을 경시했고, 어떤 경우에 무시하기조차 했으며, 하나님을 발견할 수 있는 인간의 능력에 대해서 자유로이 주장했으며, 마침내 계시 없이 종교가 충분히 가능하다고까지 선언하였지만, 기독교 실존주의자들은 신적 계시의 필요성에 대하여 다시 한 번 강조하므로 바르트주의 학파의 계승자가 되었습니다. 그들은 물론 주도권이 하나님께 있으며, 만일 하나님께서 조금이라도 알려지려면, 하나님께서 자신을 계시하셔야 한다고 전적으로 믿었습니다. 그렇다고 해서 그들이 성경이 하나님의 특별 계시라고 인식한 종교개혁의 역사적 입장으로 기꺼이 회귀하려 했다는 의미는 아닙니다. 또한 그러한 점에서 그들은 바르트주의자들을 닮았습니다. 그들은 성경을 무오하게 영감 된 하나님의 말씀으로 간주하지를 않습니다. 성경의 완전 영감은 그들의 견해에 있어 지지를 얻지 못합니다.

그들의 판단에 따르면, 고등 비평(higher criticism)의 결과들이 성경의 가치를 매우 향상시켰다고 봅니다.

바르트주의 신학은 [다소 긍정적이게도] 신론(the doctrine of God)을 매우 강조합니다. 그러나 이러한 성향이 또한 종교적 실존주의에 적용된다고 말할 수는 없습니다. 그들은 더욱 특별히 인간론(the doctrine of man)에 관심을 갖습니다. 이것은 라인홀드 니버(Reinhold Niebuhr)의 막강한 저작으로부터 매우 명백해 집니다. 사실, "현대 미국 신학 안에서 죄인으로서 인간"(Man as Sinner in Contemporary American Theology)에 관한 면밀한 연구에서 메리 프랜시스 텔렌(Mary Frances Thelen, 1911-2001)은, 특별히 이제 시대에 뒤진 자유주의의 특징들인 인간에 대한 낙관주의적 견해에 대한 반대 때문에, 그들이 실존주의자들로 불려 진다고 주장합니다. 이러한 자유주의 안에서, 죄에 대한 교리는 실제로 그 조화를 잃었습니다. 부분적으로는 유전에 의해, 그리고 부분적으로는 인간이 살아가는 악한 환경 때문으로, 따라서 그들은 죄를 악과 불완전으로 이야기하기를 선호했습니다. 인간들은 죄인으로 간주되지 않으며, 완전을 위한 투쟁 속에 있는 과정을 훼손하는 결점들에 대해 책임이 있을 수도 없습니다. 그들은 친절하고 사랑 많으신 하나님께서 잘못을 저지른 자녀들을 관대하게 다루실 것이라 안심할 수 있습니다. 그들이 "위기의 신학"(the Theology of Crisis)에 의해 그려진 더욱 어두운 어떤 색조의 초상을 회피하긴 했지만, 인간에 대한 이러한 낙관적인 견해 때문에, 종교적 실존주의자들은 더욱 비관주의적으로 바뀌었습니다.

종교적 실존주의자들이 인간에 관한 교리에 특별한 관심을 기울인다는 점에 놀랄 필요는 없습니다. 왜냐하면 르네상스와 계몽주의 안에서 계속되었고, 과거 자유주의에 있어 근본적이었던 헬라 전통 안에서, 인간은 모든 것들의 척도가 되었고, 많은 판단에 있어 인간은 마침내 하나님을 대신하게 되었기 때문입니다. 헨리(William Ernest Henley, 1849-1903)는 그의 "무적"(Invictus)이라는 시에서 이렇게 노래하지 않았습니까?

"관문이 얼마나 곧은지는 문제가 되지 않아
두루마리를 형벌로 얼마나 채웠는지도 문제가 되지 않아
나는 내 운명의 주인이니까!
나는 내 영혼의 선장이니까!"

그리고 스윈번(Swinburne)이, 기쁨에 넘치지만 불경한 말로 그의 『인간에 대한 찬양』(the Hymn of Man)을 결론지을 때, 그는 동일한 생각을 반향하고 있지 않습니까?

"인간에게 최고의 영광이! 왜냐하면 인간은 만물의 주인이기 때문이지!"

종교적 실존주의자들은, 그러한 환희가 인간 역사의 이러한 단계와 현재의 만사의 상태에 전혀 어울리지 않는다고 느낍니다. 인간이 만물의 주인도 아니며, 그 자신의 운명의 주인도 아니라는 사실이 마지막 10년의 참화에서 여실이 증명되었기 때문입니다. 쓰라린 경험에 의해 배운 이러한 교훈은 인간의 의존적인 상태와 인간이 죄인이라는 사실에 대한 큰 강조를 가진 "위기의 신학"에 대한 가르침에 의해 강화되었습니다. 포스딕(Fosdick)과 같은 자유주의자는 『현대주의를 넘어서』(Beyond Modernism)라는 그의 설교에서 하나님과 죄를 절대적으로 더욱 심각하게 취할 필요가 있다는 사실을 강조했습니다. 이러한 교훈은 종교적 실존주의에 의해 유의하게 되었습니다. 그들은 인간의 본유적 선의 교리를 인류에게 억지로 떠맡겨진 가장 유해한 허위로 간주하도록 배웠습니다. 지금 그들이 보는 것처럼, 이 교리는 쓰라린 열매를 맺어서, 이제는 인간이 본성적으로 "비참한 죄인"(miserable sinner)이며, 그러므로 하나님의 판단으로 인간은 죄의 책임을 진다는 사실에 대한 새로운 강조를 요구했습니다. 그들은 옛 펠라기우스주의자들처럼, 죄를 단지 복수형으로만 언급하는 자유주의자들의 이전 세대의 오류를 따르지 않을뿐더러, 또한 죄의 존재를 단수, 대문자로 표현된 죄(Sin), 즉 인간의 삶 안의 사악한 지배력으로서의 죄도 인식합니다. 죄(Sin)는 인간이 근절시킬 수 없는 사악한 경향(tendency)이며 제압할 수 없고, 하나님의 은혜에 의해서만 정복될 수 있는 지배력이라 할 수 있습니다.

죄에 대한 새로운 강조는 결과적으로 하나님에 대한 다른 개념을 가져왔습니다. 하나님께서 아버지이실 뿐 아니라 인간의 죄를 유념하시며, 불쾌히 여기심으로 그들을 형벌하시는 심판자이시기도 하다는 사실이 명백해졌습니다. 하나님께서는 결코 죄인을 향해 진노하지 않으시며, 증오와 진노와 같은 것이 그분의 본성에는 전적으로 낯선 것이라는 안일한 가르침의 완전한 허위가 분명히 입증되었습니다. 실존주의자들은 하나님의 공의와 진노를 다소 자유로이 말하며, 또한 이들의 증거들을 문명과 왕국들의 파괴에서 발견합니다. 또한 이런 점에서 그들은 바르트주의자들과 함께 가지만, 상세한 사항들에 있어서 그들은 많이 다를 수 있습니다.

인간과 인간의 죄악 된 상태에 대한 더욱 실존주의적인 견해는 '기독론'에 변형을 가져옵니다. "죄"(Sin)는 더 이상 과거 자유주의 안에서 사실상 그 의미를 상실했던 단지 그 용어가 아닙니다. 이와 관련하여 "은혜"라는 용어도 신학 사전에서 사라졌었습니다. 그것은 단지 "친절"의 의미일 뿐이었습니다. 그런 [은혜를 친절의 정도로 이해하는] 한에서 이 용어가 남겨졌습니다. 그것은 회중석에 앉은 많은 사람들이 이제 연관하여 생각할 수 있는 유일한 사상입니다. 사실 선행의 공로적 성격을 강조하는 로마 가톨릭의 경향에 반대하여, 종교개혁자들은 하나님의 은혜를 중시하는 것이 필연적이라고 생각했습니다. "은혜"라는 용어는 16-17세기 종교개혁의 교회들의 기치 위에 있는 도전적인 용어들 가운데 나타납니다. 그러나 이 용어는 자유주의 신학의 펠라안주의적인 영향력 아래서 점차 버려졌습니다. 슬픈 이야기이지만 설교자가 하나님의 은혜와, 구원에 있어 은혜에 대한 인간의 절대적 의

존성에 대해 시림들에게 이야기 할 때, 사람들이 그 설교자의 말을 이해하지 못하는 개신교 교회들이 오늘날에는 많이 있습니다.

"위기의 신학"은 은혜 사상을 회복시켰고, 그로 인해 "은혜"라는 용어는 신학에 있어 이전의 탁월성으로 복원되었으며, 이 점에 있어서 종교적 실존주의자들도 그 뒤를 따랐습니다. 그들은 또한 인간이 구원에 있어 은혜, 자비 그리고 하나님의 능력을 의존한다는 사실을 인식하기 때문에, 인간의 자기 충족성을 부정하며, 자신을 스스로 구원하는 데 있어 철저한 무능력을 강조하는 일을 중시합니다. 따라서 그들의 신학에 있어 그리스도 또한 새로운 중요성을 획득합니다. 그들은 여전히 그리스도를 위대한 선지자이시며, 놀라운 교사로 인식하지만, 그 점에서 멈추지 않습니다. 그들은 또한 그리스도 안에서 그 이상의 어떤 것을 봅니다. 즉, 그들은 그리스도 안에서 하나님의 진정한 계시, 죄인의 구속을 위한 하나님의 자비와 권능의 계시를 봅니다. 그들에 따르면, 예수의 도덕적 가르침은 비록 가장 중요하고 사실 이상적이지만, 그렇게 높은 수준으로 나아가고, 인간이 이생에서 그것을 결코 성취하기를 바랄 수 없을 정도로 높은 이상을 지닙니다. 그러나 바로 그러한 이유로, 도덕적 가르침들은 현존하는 상황에서 죄 많은 인간들을 실제적으로 인도할 수 없습니다. 그들은, 인간이 항상 이상보다 낮은 곳에 있으며, 이것이 믿음에 의해 그리스도를 받아들인 사람들에게조차 진리라는 사실을 잘 인식합니다.

이 모든 점에서, 우리는 감사의 이유를 발견하게 됩니다. 왜냐하면 우리는 종교적 실존주의 안에서, 적어도 올바른 방향으로의 움직임을 다소나마 인식할 수 있기 때문입니다. 그러나 우리가 과연 그것을, 비록 부분적이기는 하지만 성경의 가르침들과 정통 기독교로의 진정한 회귀로 받아들일 수 있을지 의문이 남습니다. 우리는 이것을 그들의 가르침들 가운데서 좀 더 자세히 살펴보아야만 판단할 수 있습니다. 우리는, 그들의 진리 재건에 있어 가장 눈에 띄게 부각되는 교리들을 다소 상세히 고려하므로 이 점에 있어 더욱 큰 확실성에 대한 욕구를 가장 잘 만족시킬 수 있습니다. 이러한 사실과 간결성 때문에, 우리는 우리의 추가적인 고려들을 신적 계시, 죄인으로서 인간에 대한 그들의 견해, 그리고 예수 그리스도의 인격과 사역에 관한 평가에 이해의 범위를 한정할 것입니다. 따라서 자연스럽게, 이러한 점들에 관해 우리가 이야기해야 하는 것은 다소 간략하고 개략적일 것입니다.

◇ 자유주의자들은 여전하다.

종교적 실존주의자들 중에 한 사람인, 존 C. 베넷(John C. Bennett)은 또한 "지난 수십 년 동안 내 마음은 어떻게 변했는가?"라는 질문에 대한 답변으로 『기독교 세기』(Christian Century)라는 논서를 썼습니다. 그리고 앞에서 우리가 이미 암시했던 것처럼, 그는 다음과 같은 표제 아래 답했습니다. "변화된 한 자유주의자, 그러나 여전히 한 자유주의자"(A Changed Liberal-But Still a Liberal). 제 생각으로 이 표제는 일반적인 종교적 실존주의의 입장을 정확하게 지적합니다. 이러한 판단을 입증하기 위해, 우리는 당신의 관심을 무엇보다도 신적 계시에 대한 견해에 집중시키고자 합니다. 가치 있는 저작, 『현대 미국 신학에서 기독교 실존주의』(Christian Realism in Contemporary American Theology)에서 죠지 해머(George Hammar)는, 기독교 실존주의의 근본적인 특징이 정확히 자유주의 신학에서 사라져버렸던 계시 개념의 회복에 있다고 생각합니다.

리처드 니버(H. Richard Niebuhr)는 『계시의 의미』(the Meaning of the Revelation)라는 저작에서 명시적으로, 초대 교회에서 일반적으로 받아들여졌고 종교개혁 시기에 유지되었던 특별 계시의 전통적 견해로의 회귀가 전적으로 의심할 여지가 없는 것이라 합니다. 이것은 특히 성경을 하나님의 특별 계시의 구현으로 받아들이는 것이 불가능한 일로 간주된다는 것을 의미합니다. 그러한 점에서 종교적 실존주의자들은, 지난 두 세기의 성경 비평학이 이러한 견해를 전적으로 받아들일 수 없게 했다는 초기 자유주의와 신정통주의 모두의 확신을 공유합니다.

라인홀드 니버는 『인간의 본성과 운명』(The Nature and Destiny of Man)이라는 저작, 제1권에서 두 종류의 계시를 이야기하는데, 그는 그 두 종류의 계시를 "사적인"(private) 혹은 "인격적-개인적" 계시와, "공적인"(public) 계시 혹은 "사회-역사적 경험의 정황 안에 있는 계시"라고 구별하여 부릅니다. 하나는 인간의 개인 삶 안에 있는 계시이고, 다른 하나는 역사 안에 있는 계시입니다. 이러한 구별은 우리에게 익숙해왔던 그것, 곧 일반 계시와 특별 계시 사이의 구별과 일치하는 것이 아닙니다. 어떤 의미에서, 그 두 가지 구별은 반대 입장에 있다고 말할 수 있을 것입니다. 왜냐하면 그 저자는 "개인적" 계시가 어떤 의미에서 "일반 계시"와 동의어이며, 개인적인 것이야 말로 일반적인 것이라고 말하기 때문입니다. 그는 개인적 계시를 "인생이 서 있는 자연이라는 체계보다 더 깊고 높은 실재, 곧 그 자신을 넘어선 실재를 접하는 모든 사람들의 의식 속의 증거"로 정의합니다. 그는 점진적으로 변하고 있는 역사적 경험들 안에서 공적 계시를 발견합니다. 다소 같은 맥락에서 H. 리처드 니버는, 계시 안에서 우리는 모든 진리 배후에 놓여있는 자아(Self)를 조우하며, 우리의 사고와 특별히 우리의 심상에 결정적인 영향을 받게 된다고 말합니다. 그리고 월터 M 홀튼(Walter M. Horton)은 계시를 '신적 자기-전달'(divine self-communication)로 표현하는데, '자기-전달'은 자연의 모든 질서와 역사의 모든 과정 안에서 일반적인 방식으로 발생하며, 기독교 교회 안에서 "선택된 사람들"의 역사와, 더욱 예수 그리스도 안에서 특별한 방식으로 발생합니다. 그는 그것을 은혜로우신 하나님의 자기-공개(self-disclosure)로 간주합니다. (존 베일리(John Baillie)와 휴 마르틴(Hugh Martin)에 의해 편집된 "계시"(Revelation)에 관한 심포지엄에 기고된 글 참조) 이 모든 점에서 우리는 하나님의 초자연적인 객관적 계시의 단 하나의 흔적도 발견하지 못합니다.

바르트주의자들처럼, 기독교 실존주의자들 또한 먼 옛날 완성되고 거룩한 문서 안에서 구현되어 지금 우리에게 객관적으로 소유된 하나님의 특별 계시 사상을 거부합니다. 계시는 동시적으로 발생하는, 하나님께서 자신을 낮추어 신-인의 조우 안에서 인간을 만나주시고, 인간에게 결정적인 의미를 가지며, 그것에 비추어 인간이 그의 인생을 계획해야 하는 하나의 움직임(movement)입니다. 그것은 과정이 아니라, 하나님 편에서의 순간적인 행위입니다. 비록 상황이 요구할 수 있는 대로, 때때로 반복될 수 있는 행위이긴 하지만 말입니다. 그런 의미에서 계시는 하나님의 지속적인 행위로 불릴 수 있습니다. 그것은 종교적 진리를 연구하는 기독교 학자에게 필수적인 것으로 간주됩니다. 죄 많은 인간의 이성은 끊임없이 계시의 인도하는 영향력을 필요로 합니다. 이러한 말들이 매우 훌륭하게 들릴지 모르지만, 그것은 우리에게 특별 계시에 대한 혼미하고 순전히 주관적인 생각을 남깁니다. 그러나 기독교 실존주의에 따르면 하나님께서 의미를 지닌 조우 안에 계신 예수 그리스도 안에서 인간을 최고로 만나주시고, 이상적인 인간으로서 그리스도의 고귀한 가르침 안에서 열매를 맺으셨다는 점에 주의를 집중시켜야 합니다.

더욱이, 이러한 계시 개념이, 종교적 실존주의자들이 바르트주의자들처럼 신적 계시를 교리적 진리의 전달로 이해하지 않고, 단지 인간을 행복에 이르게 하는 일련의 신적 행위, 즉 인간이 하나님과 그리스도께 취하는 태도와 인간의 생각과 행위에 관계된 행위들로 이해합니다. 이러한 행위들의 각각은 인간 삶의 위기를 나타내며, 그에게서 신적 도전, 즉 신앙에로의 부름에 대한 긍정적인 대답을 이끌어 내기 위해 의도되었습니다. 신적 행위-계시의 결실과 의미를 해석하는 것은 전적으로 인간에게 달려있기에, 이것은 결코 인간의 생각을 외부적으로 계시된 어떤 진리에 의해 통제되도록 하지 않습니다. 여기서 인간의 생각을 그리스도에 대한 복종에 사로잡히도록 이끌어야 한다는 점에 있어 의심의 여지가 없습니다. 이사야 선지자의 말씀은 이러한 현대 신학자들을 당황케 하지 않습니다. "마땅히 율법과 증거의 말씀을 좇을지니 그들의 말하는 바가 이 말씀에 맞지 아니하면 그들이 정녕히 아침빛을 보지 못하고"[사 8:20]. 초기 자유주의자들과 다르게 그들은 그들의 사고에 있어 "헬라" 전통보다는 소위 "히브리-기독교" 전통을 따르는 경향을 나타내지만, 그들은 하나님께서 이제 그 자신을, 성경을 읽고 교회에서 하나님의 말씀의 선포를 듣는 특별한 방식으로만 계시하신다는 바르트와 브룬너의 구원의 제한 조건을 공유하지 않습니다.

우리는 앞에서 죄에 대한 사상이 초기 자유주의에 의해 사실상 제거되었고, "죄"라는 용어는 거의 모든 신학 사전으로부터 사라져 버렸다고 말한 바 있습니다. 그러나 "죄에 대한 사상"은 오늘날 종교적 실존주의에서 부활되었습니다. 사실, 그것은 거기서 다소 중요한 위치를 점합니다. 이는 두 차례의 세계 대전이라는 엄청난 대격변이 사회와 인간의 삶에 있어 근본적으로 잘못된 무엇인가가 있다는 것을 아주 명백하게 드러냈으며, 이것이 인간이 책임져야 할 문제라는 사실에 기인한 것입니다. 그 자체를 드러낸 악은 고대 펠라기우스주의처럼, 원자론적으로(atomistically) 해석될 수 없고, 인간 삶의 성향이나 경향 혹은 지배력이란 표현 같은 단일체(unit) 로 간주되어야 합니다. 종교적 실존주의자들은, 죄의 근원을 정욕이나 무지에서 바라보지 않고, 의지의 타락에서 발견합니다. 문제는 인간의 전적으로 선한 이상(ideals)에 있는 것이 아니라 인간의 행동, 곧 끊임없이 자유를 남용하는데 있습니다. 이 모든 것이 라인홀드 니버의 저작, 『인간의 본성과 운명』에서 가장 명백히 나타내지만, 이 학파의 다른 대표자들의 저작들에 또한 반영됩니다.

이제 우리는 여기서 이 견해에 담겨있는 비평에 대해 전체적인 관심을 두지 않으려 합니다. 이러한 비평은 우리로 주제를 벗어나게 할 것입니다. 하지만 우리는 그것이 죄에 대한 성경적 해석의 방향으로 움직여 가는지에 대한 질문에 관심을 기울일 것입니다. 그것은 마치 적어도 정통적인 입장으로 진실한 회귀를 시작한 것처럼 보입니다만, 우리는 이러한 생각에 대해 우리 자신을 즉시 바로 잡을 수 있습니다. 라인홀드 니버를 제외하고, 대부분의 의심스러운 저자들은 인간의 타락에 대해 언급하지 않고, 니버 자신도 타락 이야기의 역사성(historicity)을 부정하는 것에 있어 바르트와 브룬너를 따라갑니다. 그 또한 창조 이야기를 단지 신화(myth)로 여기지만, 중요한 진리를 가르치는 신화로 여깁니다. 그것은, 인간이 자유로울 때 그가 의식했던 이상을 외면하여 상실할 때, 모든 인간의 삶에서 발생하는 일의 상징입니다.

　아담(Adam)은 인류의 조상으로 여겨지지 않으며, 그의 범죄가 그의 모든 후손들에게 전가된다는 사상을 일축합니다. 언약 사상은 물론 이것이 이 학파의 기독론에 매우 중요한 영향을 미침에도 불구하고 이 새로운 신학 안에서 설 자리를 잃습니다. 왜냐하면 아담의 죄가 그의 후손에게 전가될 수 없다면, 어떻게 그리스도의 의가 신자들에게 전가되는지 알 수 없기 때문입니다. 죄 없는 상태에 있던 아담에 대한 묘사는 단지 모든 인간에 대한 상징의 역할을 하는데, 인간은 이상적인 상태로 올라가는 힘을 가지고 있지만, 지복의 상태에 들어가는데 실패합니다. 진정 그 이상에 도달하는 유일한 인간은 예수 그리스도 뿐입니다. 니버는 원죄(original sin)에 관한 어거스틴주의(Augustinian)의 견해뿐만 아니라, 심지어 펠라기우스주의(Pelagian)의 견해와도 관계를 끊습니다. 그가 죄에 대한 편견을 말하지만, 과거 자유주의자들처럼 본성의 전적인 쇠퇴 또는 육체적 충동, 혹은 역사적 정황 안에서 이에 대한 설명을 찾으려 하지는 않습니다. 그의 견해를 따르면, 원죄는 이상을 현실로 바꾸는데 있어 인간의 실패입니다. 홀튼(Horton)은 그의 책, 『신학에 대한 심리학적 접근』(A Psychological Approach to Theology)에서 원죄라는 단일한 조류가 있다는 것을 부정합니다.

　니버에 따르면 죄는 실로 모호한 현상입니다. 그것은 외적인 유혹이 아니라, 인간의 상태 자체에 놓인 유혹의 결과입니다. 영혼으로서 인간은 자신이 관련된 현세적이고 자연적인 과정을 초월합니다. 인간은 자연에 대항할 때 자유롭게 되며, 이 자유는 또한 인간의 유혹이 됩니다. 한편으로 그는, 그가 대상이 되는 자연 과정에 의해 사방으로 둘러싸인 자신을 발견하고, 다른 한편으로, 그는 이것 밖에 서 있으며 그것보다 뛰어나지만, 동시에 자연 과정의 우발성과 불가피성이 그에 대한 진정한 위험을 조성한다는 사실을 인식합니다. 이러한 인식이 그를 불안(anxiety)으로 가득 채우고, 인간은 불안 속에서 그의 삶의 양적 발전을 촉진하므로, 자신의 유한성과 의존성으로부터 벗어나려 합니다. 인간은 통제력을 얻기 위해 필사적으로 노력합니다. 즉, 인간은 교만하여 하나님처럼 되려고 합니다. 이것이 모든 인간들의 죄이며, 그것이 원죄입니다. 니버의 말을 따르자면, 그러한 상태에서 죄는 "불가피한" 것이지만, "강제적인 것은 아닙니다." 이러한 유보적 조건들은 해석자에게 상당한 어려움을 유발시킵니다. 그는, 인간이 자유 안에서 죄를 범하기 때문에, 죄를 "강제적인 것이 아닌" 것으로 말할 가능성이 있습니다. 그러나 니버가 죄악을 피조성으로 갖는 것과 동일시하고 싶어 하지 않는 것으로 보아, 어떤 의미에서 그것은 불가피한 것으로 불릴 수 있습니다. 만일 그것이 절대적으로 불가피한 것이라면, 그것은 죄로서의 성격을 상실하지 않습니다.

이전 세대의 자유주의로부터 구분하여, 종교적 실존주의자들은 죄를 하나님을 향한 인간의 잘못된 관계로 봅니다. 이것은, 그들이 죄를 계시된 그리고 절대적인 하나님의 율법과 관련하여 생각한다는 것을 의미하지 않고(비록 이것이 전적으로 배제되지는 않지만), 오히려 그들은 삶 혹은 삶 전체에 의미를 부여하시는 내재적 하나님과 관련하여 생각한다는 의미입니다. 월터 홀튼은 그의 『신학에 대한 심리학적 접근』(A Psychological Approach to Theology)에서 죄를 의지의 무질서(disorder)로 이야기 하고, 죄를 "자신의 안녕이 의존하는 우주적 실재와의 평화로운 조화로부터 벗어나려는 인간의 목적, 이상, 감정 혹은 태도 안에 있는 결함 혹은 일탈"로 정의합니다. 그리고 칼훈(Calhoun)은 『인간에 대한 기독교적 이해』(The Christian Understanding of Man)에서 이렇게 말합니다. "따라서 죄를 짓는다는 것은 단지 사회에 불복하는 것이 아니라, 인간 존재의 가장 중대한 법인 하나님의 뜻을 부인하는 것이다." 니버는 진정 죄를 그가 절대적인 윤리적 표준으로 간주하는 하나님의 율법을 범하는 것으로 이야기 하지만, 이것이 현생에서는 어떤 사람도, 심지어 신자조차도 도달할 수 없는 도덕적 수준을 가리키고 있다고 말합니다. 그러므로 그는 우리가 현재 상황, 즉 우리가 살고 있는 사회적 상황에 적합한 더욱 상대적인 기준을 필요로 한다고 말합니다. 그 기준은 손에 미치는 이상을 제시하는 그런 기준이어야 합니다.

죄에 대한 전체적으로 실존주의의 이러한 개념은 죄에 대한 성경의 관점에 훨씬 미치지 못한다는 사실은 매우 분명합니다. 그리고 이러한 사람들이 종종 죄가 진정 무엇인가에 대해 성경보다는 마르크스(Karl Heinrich Marx, 1818-1883)와 프로이드(Sigismund Schlomo Freud, 1856-

1939)이 지작들과 도스토예프스키(Fyodor Mikhailovich Dostoevsky, 1821-1881)의 소설들로부터 배우는 경향을 보인다는 점이 상당히 중요합니다. 사회적 죄는 그들의 마음속에서 가장 두드러진 입장을 차지합니다.

죄 사상과 관련하여 또 다른 하나의 사상이 망각으로부터 지켜졌습니다. 저는 '신적 은혜' 사상을 말하고 있습니다. 종교적 실존주의자들에 따르면 인간은 스스로를 자신에게서 발견한 곤경에서 구원할 수 없고, 하나님의 은혜, 예수 그리스도 안에서 보여 지는 가장 고귀한 계시를 필요로 합니다. 인간이 그 자신을 자기-개혁으로 구원할 수 없다는 사실이 그들에게서 매우 분명해졌습니다. 이 세기의 마지막 10여년의 역사는 이것이 철저히 불가능하다는 것을 명백히 입증했습니다. 인간의 구속을 위해 하나님께서 그분의 구원하시는 손길을 뻗으셔야 합니다. 신적 은혜는 하나님과 인간 사이에 소외(alienation)만을 제거합니다. 죄의 오염에 관한 강조에 관련하여 초기 자유주의는, 인간이 자신의 삶과 사회 안에 죄의 영향력을 극복하므로 스스로를 구속할 수 있다는 전제로 나아갔습니다. 자기-발전에 놓은 그들의 소망이 종종 성화와 혼돈됩니다. 그러나 새로운 학파의 지지자들은, 죄가 도덕적 오염일 뿐만 아니라 죄책, 즉 하나님의 의지에 대한 부정이기도 하다는 사실의 명백한 개념을 갖습니다. 결과적으로 자유주의자들에 의해 종종 조롱되었던 죄 용서에 대한 사상이 다시 출현하였습니다. 그의 위대한 저작에서 니버는 명시적으로 이것을 하나님의 은혜의 가장 근본적인 측면이며, 인간의 가장 깊은 필요로 이야기 합니다. 하나님의 용서하시는 은혜를 떠나 죄로부터의 진정한 구속은 없습니다. 그리고 베넷(Bennett)은 그의 『기독교 실존주의』(Christian Realism)에서 용서의 복음의 부흥을 항변합니다.

그래서 대개 우리가 신적 구속의 성경적 개념으로 바르게 접어들고 있는 듯 보일 수 있습니다. 그러나 만일 누군가 그러한 사상들을 마음에 품어, 그가 종교적 실존주의의 저작들 안에 나타난 그리스도에 대한 관점들을 살필 때, 그는 곧 그의 소망들이 땅바닥에 내동댕이쳐지는 것을 발견하게 될 것입니다. 그들은 모두 한결같이 그리스도의 신성을 부정합니다. 홀튼(Horton)은 그의 저작, 『실존주의 신학』(Realistic Theology)에서, 그리스도께서는 단지 위대한 모범(the Great Example)이나 교사의 거장이실 뿐 아니라, 구원자로 여겨지셔야 한다고 명시적으로 주장합니다. 그러나 이것은 그리스도의 신성(deity)에 대한 고백과 전혀 같지 않습니다. 니버는 두 본성론(two-nature doctrine)을 하나의 논리적 모순으로 여기지만, 그럼에도 불구하고 그리스도를 하나님인 동시에 인간으로 말합니다. 그러나 그는 그리스도의 신성을 그분께서 하나님의 완전한 계시라는 이 사실에서만 찾습니다. 그는 더 나아가 그리스도의 죄 없으심을 가르치지만, 주님께서 오류를 범하실 가능성을 인정합니다. 더욱이 그가 주님을 단지 한 인간으로서만 간주하고, 모든 사람이 불가피하게 죄인이며, 사람이 살아있는 한 죄인으로 남는다고 강하게 주장한다는 사실에 비추어, 그가 어떻게 그리스도의 죄 없으심을 주장할 수 있는지 이해하기 어렵습니다.

그 용어에 대한 성경적 의미 안에서, 대리적 속죄 교리가 이 학파의 대표자들에 의해 진지하게 고려할 가치가 없는 것으로 여겨졌습니다. 그것은 한 물간 사상이고 시대에 뒤진 사상이었습니다. 라인홀드 니버는 옛 그로티우스의 통치설(Grotian Government Theory)과 부쉬넬주의의 도덕 감화론(Bushnellian Moral Influence Theory)이 혼합된 것을 강하게 상기시키는 속죄의 관점을 갖습니다. 그리스도의 십자가는 죄의 극악무도함을 드러내어 인간을 절망시키기 위해 하나님의 사랑만이 아니라 하나님의 진노도 계시할 의도를 지녔습니다. 그것은, 하나님께서 인간의 죄 때문에 고통을 당하시고, 이것이 인간을 신적 용서에 적합한 회개로 이끌어 내는 역할 한다는 사실도 드러냈습니다. 진정한 속죄, 하나님께서 마음을 바꾸심 그리고 그분의 공의의 만족에 관한 단 하나의 암시도 대개는 존재하지 않습니다. 그리고 H. 리처드 니버는, 대리적 속죄가, 무죄한 사람들이 죄인을 위해 고통 받도록 만들 때마다 역사에서 일어났다고 주장합니다. 그는 전체 사상을 일반화하고, 그것에 의해 구속적 의미를 고갈시킵니다. 여러분들에게 그러한 가르침이 속죄에 대한 성경적 교리에 매우 낯선 것이라는 사실을 상기시킬 필요조차 없습니다.

이 시점에서 저는 나의 [모든] 논의를 마치려 합니다. 저는 그 주제에 대해 더욱 더 많은 말들로 논의될 수 있으며, 오늘날 종교적 실존주의에 대한 더욱 내재된 비평이 매우 유익할 수 있다는 사실을 충분히 인식하고 있습니다. 그러나 만일 제가 종교적 실존주의자들이 여전히 자유주의자들이라는 사실을 입증하고, 거짓된 소망을 억제하며, 그리고 모든 자유주의 운동에 대한 평가에 있어 조심할 긴박한 필요성을 우리 학생들에게 명심시키는데 성공했다면, 저는 제가 원하던 소기의 목적을 달성했다고 봅니다.

- 끝 -

역자 후기

자유주의의 문제를 다룬 루이스 벌코프Louis Berkbof의 강연을 기록한 이 책은 약 69년 전에 출판된 것입니다. 책의 내용을 통해 우리가 추론할 수 있듯이, 벌코프가 활동하던 시대에 대부분의 교회는 자유주의의 폐해를 그대로 노출됨과 동시에, 1·2차 세계대전을 통하여 고전적인 자유주의의 몰락을 경험하기도 했습니다.

역자는 벌코프의 이 텍스트를 번역하는 가운데 다음과 같은 저자의 관점에 공감하게 되었고, 지금 우리가 처한 교회의 정황들을 돌아보게 되었습니다. 벌코프에게서 공감한 관점이란, 1·2차 세계대전 이후 복음주의적 교회에서의 현대주의의 몰락과 함께 신학적 자유주의도 몰락했다고 안도했을지 모르지만, 정작 벌코프의 관점에서는 자유주의가 결코 몰락하지 않았으며, 여전히 교회 안에 건재하면서 그 영향력을 교회의 신학과 신앙에 미치고 있다는 것입니다. 벌코프는 고전적 자유주의가 몰락한 바를 인정하면서도, 정작 자유주의 신학의 전제들과 기초들이 고전적 자유주의를 파괴적으로 비판한 바르트K. Barth와, 그를 비판적으로 수용하는 많은 바르트주의자들, 곧 종교적 실존주의를 표방한 신정통주의Neo-Orthodox 안에 살아남아서 복음주의 진영 안에 견고하게 자리하고 있다고 판단합니다. 바르트가 『로마서 주석』을 통해 자유주의자들의 놀이터에 핵폭탄을 떨어뜨린 인물로 지목되었지만, 벌코프는 이 핵폭탄이 자유주의자들의 놀이터 밖에서 투척된 것이 아니라 자유주의자들의 놀이터 내부에서 투척된 것이라 판단합니다. "위기의 신학"the Theology of Crisis 을 주창한 바르트에 대해 문제의식을 제기하는 벌코프의 비판은 결코 이유가 없는 것이 아니며, 역자는 오늘날 현대 교회들이 벌코프가 가졌던 신앙적, 신학적 위기의식에 귀를 기울여야 한다고 더욱 확신을 갖게 되었습니다. 그리고 이런 확신은 자유주의의 정의와 양상을 바로 파악하고 직시할 때 갖게 되는 확신이기도 합니다. 또한 우리는 자유주의의 전제와 기초를 분별하는 시금석을 너무도 잘 알려진 벌코프의 『조직신학』Systematic Theology의 신학 서론에 해당되는 부분에서 언급된 신학의 인식원리로부터 발견하게 됩니다. 참된 신학과 거짓된 신학은 어디로부터 갈려지는가? 참된 신학이란 어떤 전제와 방법으로 가능한가? 참되고 구원에 이르는 하나님에 관한 지식은 어디로부터 출발하고 시작하게 되는가?

자연주의naturalism와 합리주의ratiionalism, 그리고 정통신학을 가르는 분기점은 성경임에 틀림없습니다. 전제가 자유주의와 정통신학을 갈라냅니다. 전제가 다르면 신학의 결과가 서로 다른 곳으로 귀결되는 것입니다. 전제는 하나님을 인식하는 방법론을 결정합니다. 자연주의는 보이는 것, 자연이 전부가 되어 모든 초자연적인 실재를 부정하게 만들었고, 합리주의는 이성을 만물의 판단 척도로 만들었습니다. 반틸Cornellius Van Til이 통찰한 것처럼, 성경에 계시된 하나님을 믿는 신앙은 합리성을 배척하는 것이 아니라, 합리주의를 배척합니다. 하나님께서 지으신 인간과 더불어 인간 영혼의 기능으로서의 이성은, 하나님의 형상 안에서 하나님을 의존하여 참된 진리를 인식하고 파악합니다. 인간은 하나님의 말씀(지금은 완성된 계시로서 성경만을 충족한 계시로 갖는다)과 성령의 조명을 받아야 하나님과 인간과 세계를 바로 직시할 수 있는 지식을 갖게 됩니다. 이성은 성경을 통해서 성령님께 순복할 때, 진리를 인식하는 기능과 역할을 하게 됩니다. 그러므로 하나님을 의존할 이성이 그를 반역하고 떠날 때, 이성은 진리를 왜곡하고 배척하는 오류와 죄를 범하게 되는 것입니다. 그러므로 진정한 합리성은 이성이 하나님께로 돌아가는 것입니다. 반면에 합리주의는 이성을 주인으로 삼고, 소위 자율 이성을 주창하므로, 실로 진리에 대해 비합리적이게 되었습니다. 성경적이고 역사적인 정통 신학과 자유주의의 분별은 신학 원리, 신학 전제에 의해 이루어집니다. 그러므로 벌코프의 『조직신학』은, 그 서론에 해당하는 부분에서 하나님을 인식하는 원리를 외적 인식 원리(객관적 원리)인 성경과 내적 인식 원리(주관적 원리)인 신앙 혹은 성령의 조명에 두었습니다. 이러한 가르침은 철저히 칼빈과 종교개혁자들로부터 기원한 것입니다. 칼빈은 신학서론에 해당하는 내용을 다루며, 일반계시를 통해 심겨진 신의식을 "종교의 씨앗"의 개념으로 설명했습니다. 그러나 인간의 부패로 인해 하나님께서는 특별 계시를 베푸셨는데, 그것이 성경 66권으로 완성된 이후로는 그 외에 다른 계시가 없으며, 성경만이 충족하고 완전한 유일한 계시가 되었습니다. 그런즉 칼빈의 신학 서론은 성경론입니다. 결론적으로 성경을 떠나면 하나님과 인간을 구원론적인 범주에서 인식할 길이 없습니다. 성경을 떠난 신앙은 우상과 미신과 자의적 숭배와 무신론에 빠집니다. 자유주의와 사도적이고 역사적 신학과 신앙의 갈림길은 이성으로 진리를 보게 하는 성경과 성령님의 조명하심입니다. 자유주의는 자율성을 띤 이성으로 만물의 이치를 논하려 하고, 성경적이고 역사적인 신학은 말씀과 성령님의 조명을 의지해 하나님과 인간과 세계를 인식하고 구원을 말합니다. 벌코프가 자유주의자들의 놀이터에 핵폭탄을 투척했다는 바르트와 그 계승자들을 인정하지 않는 것은 바로 이 신학 원리에 대한 판단 때문입니다.

앞서 언급했듯이, 벌코프가 활동하던 시대의 교회는 자유주의와의 피나는 투쟁 속에 있었고, 1·2차 세계대전을 통해 자유주의가 몰락하는 것을 경험한바 있습니다. 그러나 많은 사람들이 자유주의의 몰락을 지켜보며 복음주의적인 교회들이 승리를 자축함에도, 벌코프는 자신의 시대에 대해 불안해했습니다. 그 이유는 자유주의를 몰락시키는 데 기여한 사조처럼 보이는 바르트와 그의 계승으로서 '신정통주의'라는 신학이, 정작 자유주의의 전제와 양상을 그대로 가진 채 복음주의 진영 안에 들어와 자리를 잡아가고 있었기 때문입니다. 바르트와 신정통주의는 하나님의 초월성과 계시의 절대성을 강조하므로 복음주의의 환영을 받았지만, 그 배후에 존재하는 그들의 신학적 전제를 살펴보면, 그들은 기록된 계시로서 성경의 영감과 그 충족성을 여전히 부정합니다. 그들은 역사적 신앙과 신학과 동일한 용어를 사용하지만, 성경관이 다른 이유로 거의 전 영역에서 다른 의미들을 동일한 용어에 부여합니다. 벌코프에게 따르면, 바르트와 신정통주를 받는 복음주의자들 대다수가 기록된 하나님이 말씀으로서의 성경의 영감을 부정합니다. 정상적인 신앙과 신학을 가진 교회라고 한다면 신론, 인간론, 기독론, 구원론, 교회론, 종말론 등 이 모든 각론이 성경에서 인식된 것이기에 성경에 대한 관점이 허물어지면 모든 각론도 허물어진다는 사실을 속히 인정할 것입니다. 하지만 바르트와 신정통주의의 영향을 받은 '복음주의'는 자유주의와 거의 동일한 성경관을 가졌습니다. 초월을 이야기하든, 그리스도를 강조하든, 구원을 이야기하든 간에, 그들이 언급하는 용어들은 구원과 구원의 생활의 유일한 표준으로 여기는 성경으로부터 비롯된 것이 아닙니다. 왜냐하면 그들은 성경을 영감 된 무오한 하나님의 말씀으로 믿지 않기 때문입니다. 벌코프는 이 책을 통해 그들이 우리와 동일한 용어를 사용하면서도, 어떻게 다른 의미들을 주장하는지 요약적이지만, 구체적으로 언급하고 있습니다.

사실 자유주의의 양상은 단지 자유주의의 문제, 유사 복음주의로서 신정통주의와 같은 신학 사조에 한정된 것이 아니라, 그 문제의 핵심은 교회의 터가 되고 구원의 터가 되는 사도들과 선지자들, 곧 성경에 근거한 신앙의 붕괴에 있습니다. 하나님의 계시로서 기록된 성경을 인정하는 신앙을 떠나 현대인들은 자신과 세계 안에서 진리와 신앙을 추구하는 것입니다. 그리고 한국의 대부분의 교회들은 자유주의, 유사 복음주의만 아니라 이미 자신 안에 갇히고 함몰된 신앙으로서 은사주의, 신비주의, 신학의 정치화, 이생에 만족에 머무는 기복신학 등으로 온갖 진통을 겪어 왔습니다. 자유주의 신학의 아버지, 슐라이에르마허F. Schleiermacher가 성경을 버리고 배도한 결과로 남긴 어두운 유산, 곧 신학을 인간학으로 바꾸려는 사악한 시도는 성경과 바른 교리를 떠나 인간의 부패한 본성으로 신앙을 영위하려는 양상이 복음주의 교회들 안에 바이러스처럼 공존해 있습니다.

벌코프는 바로 이러한 양상들을 자신이 속한 시대의 교회들 속에서 발견하며 미래를 근심했고, 벌코프의 근심이 우리에게는 현실로 적중했다는 점이 역자가 공감한 바이며, 또 보편교회의 성도들에게 알리고픈 벌코프의 통찰이기도 합니다.